Axel Hacke
WORTSTOFFHOF

Sprachgeschichten von
Äh bis Zeitfenster

Verlag Antje Kunstmann

WORTSTOFFHOFVORWORT

Kaum ein Land dürfte es auf der Welt geben, in dem der Wiederverwertungsgedanke ausgeprägter wäre als in unserem lieben Deutschland. Jede Gemeinde hat ihren Wertstoffhof, auf dem man von leeren Flaschen bis zu alten Lampen einfach alles abgeben kann; nahezu jedes Haus hat mindestens eine Altpapier-, eine Bio- und eine Restmülltonne; fast jede Wohnung hat ihr Schächtelchen für alte Batterien, ihren Korb für leere Flaschen, ihr Eimerchen für leer geleckte Joghurtbecher.

Dieser Idee folgend (dass also fast kein Müll einfach nur Müll ist, sondern immer Rohstoff) habe ich einmal vor vielen Jahren beschlossen, in meinem Büro auch ein Eckchen für Sprachabfall einzurichten: gesprochenes und geschriebenes Zeug, das ich nicht mehr benötigte, leere Floskeln, hohle Sprüche, zu oft verwendete Wörter, verbrauchte Sätze, so etwas. Man findet das ja überall, in den Zeitungen wie im Fernsehen, selbst wenn die Ehepartnerin spricht oder die eigenen Kinder oder man selbst.

Viele Jahre lang hatte ich zum Beispiel eine wöchentliche Kolumne im Berliner *Tagesspiegel*, in der ich mich nicht selten mit der Sprache der Politiker, der Sportler, der Wirtschaftsleute beschäftigte. Sie glauben ja nicht, wie schnell der Sprachmüllkorb sich da füllte.

Oder glauben Sie es *doch*? Ja, ich sehe schon, Sie glauben es *doch*.

In einer anderen Kolumne, *Das Beste aus meinem Leben* im Magazin der *Süddeutschen Zeitung*, richtete ich zur gleichen

Zeit eine Art Unterkolumne namens *Der Sprach-Wertstoffhof* ein, mit dem Ziel, ebenfalls für nicht mehr benötigte Sprache einen Platz zu schaffen, von dem aus sie wieder verwertet werden kann. Denn auch in der Sprache gibt es eigentlich keinen Müll. Aus fast allem kann man noch etwas machen, und genau das soll mit diesem Buch hier bewiesen werden. Auch Leser sammelten also jetzt anderswo nicht mehr brauchbare Wörter, Wortfetzen, Sätze, Satzteile und Satzzeichen. Sie schickten und schicken mir auf wunderbarste Weise schlecht übersetzte Speisekarten, rätselhafte Schild-Texte, kryptische Gebrauchsanweisungen, falsch getrennte Wörter, vollkommen unkapierbare Tourismus-Prospekte. Nichts von dem erklärt uns etwas oder ist irgendwie verständlich, es ist alles unnütz – und doch, und doch … Der Behalter in uns sagt: Man könnte es vielleicht noch mal gebrauchen. Man soll Wörter nicht gering achten. Man soll sie nicht wegwerfen. Man kann sie vielleicht wieder verwenden, und wenn es nur zum Spaß ist. Zum Basteln.

So, und nun machen wir kurz Pause mit dem Vorwort. Ich schlage vor, Sie lesen mal ein, zwei kurze Kapitel dieses Buchs, um zu verstehen, was ich meine, *Lustmühle* vielleicht und, na … ja, genau: *Mpfplan.*

So. Sind Sie wieder da? Schön.

Sie sehen: Es geht hier um nichts anderes als um den Spaß am Valschen, die Poesie des Irrtuhms, die Freude an der Fehlleistunck – um einen Reichtum also, der erst durch menschliche Schwäche entsteht. Von welch anderem Reichtum könnte man dies behaupten?

Übrigens entdeckte ich dann eines Tages bei Goethe den Begriff *Wortstoff,* und zwar in einem Satz, in dem er sich gegen die Sprachreiniger und Puristen wendet:

»Der geistreiche Mensch knetet seinen Wortstoff, ohne sich zu bekümmern, aus was für Elementen er bestehe; der geistlose hat gut rein sprechen, da er nichts zu sagen hat … Poesie und leidenschaftliche Rede sind die einzigen Quellen, aus denen dieses Leben (der Sprache) hervordringt, und sollten sie in ihrer Heftigkeit auch etwas Bergschutt mitführen, er setzt sich zu Boden und die reine Welle fließt darüber her.«

Da hat er recht, finde ich. Und ich habe hier jetzt eben einen Wortstoffhof.

Was ich noch sagen wollte: Ein bisschen wundert es mich schon, vor welchem Berg von Material ich hier sitze, in einem Altwörterlager von nicht mehr überschaubaren Ausmaßen. Ich muss mir morgens, um überhaupt an meinen Schreibtisch zu gelangen, mit einem Schneeschieber den Weg durch Wörterhaufen bahnen und überlege andererseits, warum nie jemand bisher auf den Gedanken kam, analog zu den Altkleidersammlungen in Deutschland Altwörtersammlungen zu veranstalten. Oder wenigstens an den wichtigsten Straßenecken Gebrauchtwörter-Container aufzustellen. Es bleibt sonst – und dies in unseren zunehmend ausdrucksarmen Zeiten! – wertvolles Verbalmaterial ungenutzt. Wir haben es hier, ganz klar, mit einer Ausformung deutscher Sprachleidenschaft zu tun, die ich besonders erfreulich finde, weil sie sich nicht in Besserwisserei und den anderswo beliebten Falsch-Richtig-Kategorien äußert. Sprachkritik sollte ja, finde ich, nicht darin bestehen, sich über die lustig zu machen, die es nicht besser *können*. Sondern sie hat sich, wenn schon, jene vorzunehmen, die es nicht besser *wollen*, die also Sprache als Imponierinstrument oder zur Verschleierung ihrer wahren Absichten benutzen. Oder die einfach zu faul sind, das Richtige zu sagen.

Und, um auch dies gleich mal zu sagen: Ich halte nicht viel von denen, die das Deutsche »pflegen« wollen, als sei es ein Patient. Oder die nach aussterbenden Wörtern suchen, als sei die Sprache ein bedrohtes Ökosystem und der Verlust des Wortes »Backfisch« dem Aussterben des Kabeljaus gleichzusetzen. In Wahrheit stehen bei uns, wenn ein Wort ausstirbt, doch gleich zwei neue an der nächsten Straßenecke, und noch im letzten Ich-mach-dich-Messer-Dialog zweier Neuköllner Türkenjungs steckt mehr von der Kraft des Deutschen als in den Teilnehmern betulicher Sprachhütertagungen.

Wir vom Wortstoffhof versuchen Tag für Tag, in neue Sprachdimensionen vorzudringen. Und fragen uns, wie sehr eine Sprache vielleicht gerade durch das Falsche bereichert wird.

Dazu ein Beispiel. In Christian Eichlers sehr schönem *Lexikon der Fußball-Mythen* lese ich über die legendäre Abrechnung des Trainers Trapattoni mit den Fußballern seiner Mannschaft: »Nach einem Solo von 3:10 Minuten im Presse-Kabuff des FC Bayern, abgeschlossen mit dem legendären ›Ich habe fertig‹, war die deutsche Sprache nicht mehr dieselbe. Ausgerechnet ein aufgeregter Italiener zeigte, wieviel Kraft diese Sprache hat, wenn man auf ihre Korrektheit pfeift: ›Trapattoni‹, schrieb die Londoner *Times*, ›erfand eine ganze neue Art von Deutsch.‹«

Bitte sehr, hier ist jener Trapattoni: »Wir mussen nicht vergessen Zickler. Zickler ist eine Spitzen mehr Mehmet e mehr Basler. Ist klar diese Wörter, ist möglich verstehen, was hab ich gesagt? Danke.«

Wobei ich daraus jetzt keine große Theorie machen will, so etwas liegt mir nicht. Alles, worum es mir geht, ist in zwei Sätzen gesagt: Zwischen all den hoch ernsten Debatten über den Niedergang des Deutschen, über Rechtschreibreform, über Sprachverarmung, -fall und -lust, über schönste Wörter und Unworte des Jahres sollte man sich ab und zu etwas Spaß mit der eigenen Sprache gönnen. Bisschen mit ihr spielen.

Jedenfalls habe ich in meinem Berufsleben selten so viel Vergnügen wie in jenen Stunden, in denen ich auf dem Wortstoffhof arbeite und Eingeliefertes wie selbst Gefundenes auf seine Wiederverwendbarkeit oder (das gibt es ja nun auch) endgültige Unbrauchbarkeit prüfe. In denen ich Briefe öffne wie den von Herrn M. aus Egling, der schreibt, er sei gerade aus einem stundenlangen, ermüdenden »Meeting mit endlosem Palaver« gekommen und habe sich in der Küche erst einmal einen Kaffee holen wollen – da lese er auf dem Display der Kaffeemaschine: »Satzbehälter leeren!« Genauso wie die Kaffeemaschine habe er sich gefühlt, schreibt M., überfüllt mit Sätzen. Wohin damit? Auf den Wortstoffhof? Oder doch lieber in den Restmüll?

Ich würde sagen, in diesem Fall und was das Palaver betrifft: Restmüll. Aber den Ruf »Satzbehälter leeren!« kann ich natürlich sehr schön für den Wortstoffhof gebrauchen, denn auch hier müssen die Satzbehälter ständig geleert werden, damit sie frei sind für Neues.

Also, bitte: Besuchen Sie mich. Es ist durchgehend geöffnet.

ABSÄTZE

Eine der schönsten Einlieferungen in den Wortstoffhof überhaupt erreichte mich aus Karlsruhe, von Frau S. nämlich, die sich an einen Schuster erinnerte, in dessen Schaufenster sie ein Schild mit folgender Aufschrift sah:

»Auf Absätze kann gewartet werden.«

So etwas landet gar nicht erst auf dem Wortstoffhof, es wird direkt über meinem Schreibtisch befestigt, an dem ich bedrängt werde von Redakteuren, Verlegerinnen und Buchherstellern, die Texte wollen, Texte, Texte, Texte … Ich kann nun auf dieses Schild verweisen und auf die Wartebank neben meinem Arbeitsplatz. Ein Absatz dauert ja nicht lange, darauf können die Leute warten, aber ganze Manuskripte müssen weiterhin nach einigen Tagen, Monaten, Jahren abgeholt werden. Ich gebe dazu diese kleinen Nummernzettel aus, Sie kennen das vom Schuster oder aus der Wäscherei.

ÄH

Ich musste mein Büro aufräumen. Ich sortierte Wörter. Wenn man als Autor nicht täglich Wörter aufräumt, findet man sie nicht, wenn man sie braucht. Man muss zum Beispiel »Liebesglut« schreiben und kann es nicht, weil »Liebesglut« unter Zeitungen verborgen liegt. Dann schreibt man statt »Liebesglut« etwa »Feuer der Zuneigung«, aber das ist was anderes.

Viel Schwaches in der Literatur rührt daher, dass Autoren nicht aufräumen und sich mit dem behelfen müssen, was gerade daliegt. Es gibt Schriftsteller, die produktiver wären, wenn sie nicht dauernd passende Wörter suchen müssten. Irgendwo fand ich ein Äh und ein Ähm. Sind das eigentlich Wörter?, dachte ich. Oder nur Laute?

Ich weiß nicht, ob Sie die psycholinguistische Debatte in den USA und Großbritannien verfolgen … Sehr interessant. Man hat dort lange Äh und Ähm (im Englischen *Uh* und *Um*) nicht als Bestandteile der Sprache gesehen, eher als Geräusch oder Sprech-Abfall.

Dann haben Forscher den Fluss der Sprache untersucht. Und heute finden sie, Äh und Ähm seien normale Wörter. Das eine signalisiere eine kurze, das andere eine längere Pause im Redestrom.

Und dann, hier, Folgendes, ein Aufsatz in *Bild der Wissenschaft*, das Äh betreffend: Schottische Experten maßen die Stromspannung auf der Kopfhaut von Versuchspersonen und stellten fest, dass ein gut platziertes Äh es dem Zuhörer erleichtert, sich auf überraschende, schwer verständliche

Wörter einzustellen. Er wird aufmerksamer. Auch hilft das Äh ihm, sich später an das Wort zu erinnern.

Liz Shriberg, eine Psychologin aus Kalifornien, sagte dazu vor Jahren, wenn man erkenne, wie sauber Äh und Ähm in Sätzen verteilt seien und dabei »eine sehr elegante Struktur haben, sieht man, dass sie überhaupt kein Müll sind«. Sondern Wortstoff.

Übrigens: Elegante Struktur…

Werfen diese Untersuchungen nicht auch, lange nach seiner Amtszeit als bayerischer Ministerpräsident und CSU-Vorsitzender, ein neues Licht auf die Sprachführung unseres lieben Edmund Stoiber? Der mit seinem Äh in einer Weise unvergesslich geworden ist, dass unsere Kopfhäute sich noch in Jahrzehnten spannen werden, wird sein Name genannt. Wer die Verwendung des Äh durch Stoiber bei seinem legendären *Christiansen*-Auftritt im Januar 2002 noch mal unter die Lupe nimmt, wird hier eines Variantenreichtums und einer Eleganz gewahr, bitte … Ich möchte jetzt einen Beitrag zum psycholinguistischen Diskurs leisten, indem ich eine Systematisierung des Äh-Einsatzes bei Stoiber vorlege.

Das einleitende Äh: »Äh, es geht doch nicht darum…«

Das Äh im Satz: »Ich glaube, dass, äh, viele…«

Das Doppel-Äh im Satz: »Das hat, äh, äh, verschiedene Aspekte…«

Das einfache, Wort einrahmende Äh: »Wir schaffen das, äh, mit, äh, Schwierigkeiten…«

Das doppelte, Wort einrahmende Äh: »… Herr Merz, äh, äh, Frau, äh, äh, Frau Merkel…«

Das einfache, mehrere Wörter einrahmende Äh mit Wiederholung des Eingerahmten außerhalb der Einrahmung: »… äh, zahlen sie, äh, zahlen sie die Zeche…«

Das einfache, Wörter einrahmende Äh mit Wiederholung des Eingerahmten innerhalb der Einrahmung: »...äh, dass wir, wir, wir, dass wir natürlich uns vernünftig, äh...«

Das einfache, Silben einrahmende Äh mit Vernichtung der eingerahmten Silbe: »...die 209 Milliarden DM, die, äh, ver-, äh, für Fort-, die, den Solidarpakt, also das bitte ich...«

Das doppelte, Wörter einrahmende Äh mit Wortwiederholung und einem Wort innerhalb des zweiten Äh, Äh: »...das ist noch lange nicht abschließend, äh, äh, abschließend, äh, damit, äh, befunden...«

Das ins Wort eingesprungene einfache Äh mit Anlauf: »...von, von, von, von Ost nach West-, äh, -deutschland.«

Das ins Wort eingesprungene einfache Äh mit Wiederholung eines anderen Wortes in diesem Wort, ohne Anlauf: »...zwei Prozent des, äh, Brutt-, äh, des, des, des Bruttosozialprodukts...«

Das mehrmals in den Satz gestreute Äh, mit Wiederholung von Satzbestandteilen und einer falsch angeredeten Person in der Einrahmung: »Wir liegen mit 5,8 Prozent, äh, wenn Deutschland, äh, bei 5,8 Prozent Arbeitslosigkeit läge, dann hätten wir viele Probleme nicht, also ich glaube, dass Sie nicht unbedingt jetzt den Spitzenreiter oder den Zweiten..., ja, Frau Merkel, ich bin, Frau..., Sie sehen, Sie sehen, Sie sehen, wie, Entschuldigung, aber Sie sehen, wie eng, ich hab auch heute zweimal mit ihr telefoniert, wie eng wir natürlich auch, äh...«

Schließlich das vierfache, ins Wort eingesprungene Äh mit vierfacher, ins Äh eingesprungener Wiederholung eines anderen Wortes – mit Anlauf (nie vorher wurde so etwas versucht!): »...jetzt schreiben die großen Firmen, ob das British Telecom, ob das VIAG, ob das Telek-, äh, die, die,

die, die, äh, äh, äh, die große deutsche Gesellschaft ist, Herr Sommer, der schreibt jetzt ab…«

Ganz groß. Ein Rhythmiker. Ein Sprachmusiker. Ein Virtuose des Äh.

ALPENHAUPTKAMM

Gott, wie ich dieses Wort mag! Alpenhauptkamm. Manchmal bilde ich mir ein, ich wohne nur deswegen in München, weil ich in Norddeutschland dieses Wort viel zu selten hören würde. Denn für die Menschen in den Tiefebenen sind ja die Haupt- und Nebenkämme der Alpen weitgehend bedeutungslos. Ob es auch einen Pyrenäenhauptkamm oder einen Karpatenhauptkamm gibt? Egal, es wäre bedeutungslos. Rein klanglich nicht zu vergleichen. Nur der Alpenhauptkamm hat dieses über die Vokale A, e, au und die Konsonanten l, p, n und h sich langsam Erhebende, dann plötzlich steil zum schmalen, scharfen Grat des -ptk- Emporschnellende, schließlich weich ins Bett des -amm Hinunterfallende.

Alpenhauptkamm. Man hört das oft im Wetterbericht.

Da fällt mir der Brief von Herrn E. aus Göppingen ein. E. verfolgte Anfang März 2006 den Wetterbericht im Bayerischen Fernsehen und hörte dort, dass »die Niederschläge zunehmend weniger« würden, eine Wortwahl, die mich an einen pubertierenden Neffen erinnert, mit dem zusammen ich einmal ein Lokal betrat, in dem sich fast keine Gäste befanden, was meinen Neffen zu der Bemerkung veranlasste: »Ist ja voll leer hier!«

E. indessen dachte nach diesem Wetterbericht über einen Kurzurlaub in Südtirol nach, bis, so schreibt er, das Fernsehen einige Tage später berichtete, dass es »die Sonne südlich des Alpenhauptkamms immer öfter schaffen würde, sich vor die Wolken zu schieben«. E. war alarmiert: die Sonne vor den Wolken! Südlich des Alpenhauptkamms! In Südtirol! Er verzichtete auf seinen Urlaub, »dieser brandgefährlichen Lage wollte ich mich dann doch nicht aussetzen«.

Fast wundert es einen, dass es heute südlich des Alpenhauptkammes überhaupt noch Leben gibt, ja, dass – im Gegenteil – gerade in der Nähe des Alpenhauptkammes das Leben sich in einer Weise intensiviert, nein: extensiviert zu haben scheint, sodass es zum Beispiel in Arosa der Firma *B. Hilty, Heizung, Sanitär, Lüftung, Haustechnik* möglich ist, einen »25h Service« anzubieten, wie mir Leserin P. mitteilte und durch Foto des Firmenwerbeschildes auch belegen konnte.

ALTGERT

Von Herrn H. aus München bekam ich ein Foto geschickt: Man sieht darauf einen großen gelben Müllcontainer mit der Aufschrift »Männer«, wie er sich laut Auskunft von H. in der Gemeinde Zell unter Aichelberg befindet. Und man staunt: dass hier am Fuße der Schwäbischen Alb offensichtlich Männer problemlos entsorgt werden können beziehungsweise vielleicht sogar einem Recycling zugänglich zu machen sind, auf einer Art Männer-Wertstoffhof. Ich erinnerte mich angesichts dessen an den Kollegen M., der vor vielen Jahren nach seiner Scheidung einen Verein für Gebrauchtmänner ins Leben rief. Keine Ahnung, was aus dem geworden ist, dem Verein, meine ich. Der Kollege ist natürlich längst wieder verheiratet.

Kaum hatte ich H.s Brief gelesen und beantwortet, schrieb mir Herr K. aus München. Er hatte von der Karstadt-Filiale in Augsburg eine »Wertmarke fr den Transport von 1 Altgert« zugeschickt bekommen, versehen mit der Anmerkung: »Kleben Sie diese Wertmarke auf das zu entsorgende Gert«.

Man ahnt ja nun, wo Altgert landen wird, nicht wahr? Aber ist es nicht schnöde, den Gert, kaum dass er verbraucht ist, nur noch »das Gert« zu nennen?

Dies wenige kann man doch auch für den ältesten Gert der Welt noch tun, nämlich dass man ihn in einen anständigen Container für alte Männer wirft, wobei ich spätestens hier jetzt leider erwähnen muss: Das Geheimnis des Containers in Zell unter Aichelberg liegt im Kleingeschriebenen unter dem Wort »Männer«. Er gehört der Entsorgungsfirma von Herrn Willi Männer in Bissingen.

ANDEREMÄNNER

Jetzt mal zu einem Wort, das mir lange Zeit sehr auf die Nerven ging: Anderemänner.

Anderemänner, es reichte mir ganz schön mit Anderemänner. Wenn ich es nur hörte, Anderemänner, ich hätte in die nächste Wirtschaft rennen und mich volllaufen lassen können wie ein Fass, so zuwider war es mir. Anderemänner. Anderemänner sind die, die es anders machen als ich. Besser in jedem Fall. Anderemänner lassen ihrer Frau ein duftendes Bad ein, wenn sie gestresst ist. Massieren ungefragt, aber immer im richtigen Moment ihre Kopfhaut. Sie kochen einen Tee, wenn ihre Frau noch nicht einmal gedacht hat, dass sie einen Tee wünschen könnte, aber es gleich denken wird – dann steht der Anderemänner-Tee schon da. Anderemänner sind von großer emotionaler Präsenz, und wenn sie es gerade einmal nicht sind, können sie mit sanfter Stimme begründen, warum nicht. Anderemänner kommen auf Gedanken, die mir nicht kommen, jedenfalls nicht im richtigen Moment. Anderemänner sind der Wahnsinn, die ganze Welt scheint voll von ihnen zu sein, sie schlafen nie, ihre Energie ist unerschöpflich, und falls sie doch erschöpflich ist, lassen sie es sich nicht anmerken, oder sie weisen zum rechten Zeitpunkt (wenn es also einer Frau gerade überhaupt nichts ausmacht) auf diese momentane und bald vorübergehende Erschöpflichkeit hin.

Manchmal sind Anderemänner bei uns zu Besuch. Freund D. zum Beispiel kam mit seiner jungen Frau zum Kaffeetrinken vorbei, ihren winzigen Sohn hatten sie im Tragekörbchen bei sich, und wenn der winzige Sohn einmal auch nur winzig wenig wimmerte, stand D. sofort auf, um die noch gar nicht geäußerten und vielfach auch gar nicht äußerbaren Wünsche des Kleinen zu erfüllen. Ein Fläschchen. Ein Nuckinucki. Ein Windelchen. Ein Streichelchen.

Und wenn D. sich dann wieder setzte, ging er an seiner Frau vorbei und strich ihr mit zärtlicher Gebärde über den Kopf. Und ich wusste schon, was kommen würde, ich betrachtete D. mit flackerndem Blick, aber er machte einfach weiter.

Kaum waren sie gegangen, rief Paola: »Hast du gesehen, wie er ihr immer über die Haare strich! Ach, wenn du doch nur einmal…«

Jahrzehntelang kannte ich nur einen Wunsch: einmal wie Anderemänner sein. Und neulich erfüllte es sich, dieses Sehnen.

Da waren wir mit Paul und seiner Frau Anna zum Abendessen verabredet, in einem Restaurant. Anna und Paul haben ein Kind, das ist anderthalb Jahre alt, und wir haben auch so ein Kind, das anderthalb ist, Sophie heißt es. Aber für diesen Abend hatten wir Babysitter engagiert, Anna und Paul einen und Paola und ich auch einen. So konnten wir eben im Restaurant sitzen und uns in aller Ruhe gegenseitig von großen Müdigkeiten berichten, den verschiedenen Müdigkeitsformen und -stufen von Eltern, die jede Nacht aufstehen müssen, um Fläschchen zu bereiten oder sonstwie nett zu sein zu ihrem Baby.

Und plötzlich sagte Paola, seit einer Weile, seit sie nämlich zu und zu müde geworden sei vom nächtlichen Aufstehen und stundenlang schon gar nicht mehr einschlafen könne, wenn sie einmal nachts aufgestanden sei, seitdem also stünde ich (ihr Mann nämlich) nachts auf, um Fläschlein zu geben und Windilein zu wechseln und Dutzidutzi zu machen. Und sogar erhöbe ich mich um halb sieben schon wieder, um dem Luis sein Frühstück zu machen und dann ins Büro zu gehen – nur damit sie einige Monate lang mal wieder normal schlafen könne. Das sagte sie in die Gesichter Annas und Pauls hinein.

Und ich sah Interesse in den Augen Annas, und in denen ihres Mannes erblickte ich etwas wie, nun ja, war es Angst? War es Hass?

Jedenfalls wusste ich: In diesem Moment war ich Anderemänner für ihn und würde es noch eine Weile bleiben, und, wie soll ich sagen: Es war ganz schön, Freunde, es war ganz okay.

ANREDE

»Meine gefühlten Herzgrüße und Empfehlungen« – so beginnt eine E-Mail, die Professor S. in Tübingen eines Tages auf seinem Bildschirm fand, abgesandt von einem Absolventen der Universität Madras/Indien, der sich bei ihm um einen Posten bewarb, »ungeachtet der Tatsache, dass ich in ganz eine bequeme Position in der gegenwärtigen Universität gelegt werde«.

»Ist er schon deutscher Beamter?«, fragt dazu S.

Meine gefühlten Herzgrüße: eine ganz wunderbare Grußformel, wie ich finde, geeignet sowohl für Anfang wie für Ende von Briefen, wobei ich statt des ewigen »Mit freundlichen Grüßen« auch jenen Briefschluss in Erwägung ziehen würde, den mir Frau S. aus dem Münchner Fremdenverkehrsamt überließ, ein schönes und rares Stück aus Belgien: »Vorwärtshörfähigkeit von Ihnen bald schauend, danken wir Ihnen für Ihre Hilfe und Mitarbeit.«

Vorwärtshörfähigkeit – das haben viel zu wenige Menschen. Rar sind schon jene, die voraus schauend sind, aber vorwärts hörend? Ich wüsste niemand zu nennen. Rätselhaft bleibt, wie man eine Vorwärtshörfähigkeit *schaut*. Aber gut.

Alternativ kann ich anbieten, was Herr Dr. H., seines Zeichens Philologe in München, mir von einem seiner Kollegen in Weimar berichtete: Der erhielt eines Tages das Schreiben eines japanischen Germanisten, welches, so H., in die »unübertreffliche Formulierung« mündete: »Mit kochendheißem Dankgebet.«

Ein bisschen spezieller, weil persönlicher ist, was ich einem Schreiben von Leser T. aus Waldshut entnehme, der in seiner Familie vor Jahren eine französische Austauschschülerin zu Gast hatte, Anne aus Blois war das. Kaum nach Blois zurückgekehrt, schrieb Anne einen Brief, dankte für den angenehmen Aufenthalt und schloss mit einem besonderen Gruß an die Tochter: »Und viele Nordwinde für Petra.« Ein Rätsel. Bis man im Lexikon nachschlug und entdeckte, dass Anne wohl hatte schreiben wollen: »Und viele Küsse für Petra«. Kuss bzw. Wangenkuss heißt *bise* im Französischen, schlägt man aber unter *bise* nach, findet sich als erste deutsche Bedeutung »Nordwind«, dann erst »Wangenkuss«. Aber ist ein Nordwind – zumal in einem heißen Sommer – nicht ein ganz wunderbarer Gruß aus der Fremde?

Bei zu viel Nordwind kann ein Brief allerdings auch enden wie der, den vor Jahren eine meiner Leserinnen bekam. Er war unterzeichnet mit den Worten »Nach Diktat vereist«. Kaum hatte ich davon in einer Lesung dem Publikum berichtet, meldete sich Frau F. aus Köln, die den Abschiedsbrief einer aus der Firma scheidenden Kollegin zitierte. Er endete so: »Damit verbleiche ich mit freundlichen Grüßen.«

ANSCHLUSSMOBILITÄT

Was ich an der Deutschen Bahn immer besonders geliebt habe, war, dass sie eine eigene, ganz unverwechselbare Sprache hat (➤ *Fahrgastwunsch, Übergangsreisender*), die einem immer neu zu denken gibt. In der es Wörter gibt wie »Anschlussmobilität«, das ich vor Jahren in der Bahn-Zeitschrift *mobil* entdeckte.

Was damit gemeint ist?

Einfach, dass man auch nach Verlassen des Zuges nicht stehen bleibt, sondern sich weiter bewegt, zum Beispiel mit *Call a Bike* oder *DB Carsharing*, ihrerseits ganz neue Wörter aus dem Bahnsprech. Man kann natürlich auch weiter *gehen*. Oder sich von der Ehefrau mit dem Auto abholen lassen, gute alte Formen der Anschlussmobilität, für die wir aber bisher einfach kein Wort hatten. Solche Wörter erfindet die Bahn für uns, da ist sie ganz groß, das macht ihr keiner nach.

Leser T. schickte mir eine E-Mail, in der er beschrieb, was er auf der Anzeigetafel las, als er von München aus mit dem ICE nach Mannheim fahren wollte: »Zug verkehrt in umgekehrter Zugreihung.«

Das sind Momente, in denen der Reisende sich wünscht, es gäbe ein kleines Lexikon der Bahnsprache, in dem man nachschlagen könnte, was eine »Zugreihung« ist, sodass man sich dann selbst vorstellen könnte, was es bedeutet, wenn man diese Zugreihung umkehrt. Herr T. schrieb, er habe dank der Wagennummerierung seinen reservierten Sitzplatz gefunden und gleich darauf den »Zugbegleiter«

(auch so ein Wort!) gehört, wie er über Lautsprecher bekannt gab: »Dieser Zug verkehrt heute in umgereihter Zugreihung...«

Hä?

»...das heißt, die erste Klasse befindet sich am Zuganfang.«

Aha. Und wo war noch mal der Zuganfang?

Am Bahnsteigende.

Apropos Anfang und Ende. Da fällt mir ein, was der Zugchef einmal auf einer Fahrt nach Westdeutschland mitteilte: dass nämlich der Zug einen »Zuglaufteil« mit sich führe, der nur bis Köln »verkehre« – und dann? Darüber informierte der Zugchef dergestalt, dass er sagte: »Die Wagen verbleiben in Köln und enden dort.« Und auch Herr H. aus Erlangen schrieb mir, er habe sich neulich »in der Anfahrt« (ach, seufz!) auf Nürnberg befunden, als es hieß: »Der Zug endet hier, bitte alles aussteigen!«

Dazu bemerkt H. in seinem Brief: »Nachdem ›alles‹ ausgestiegen ist, werfe ich einen wehmütigen Blick auf den noch ganz rüstig aussehenden Zug, der hier endet, und bin froh, daß ich mit meinem Gepäck dem Ende entrinnen konnte!«

In der Zeitung las ich dann, die Bahn bemühe sich nun um einen neuen Ton in ihren Ansagen, man werde die Bahnsprache reformieren und zum Beispiel nicht mehr vom »Wagen mit der Ordnungsnummer sieben« reden, wenn man auf den Speisewagen verweise, sondern einfach vom »Wagen Nummer sieben«.

Eine Sprachwelt geht unter. Endet hier.

Schade.

AUFSTELLUNGSORT DES SEINS

Das Reisen ist ja in den Zeiten der Pauschalreisen und Billigflieger bis zur Unerträglichkeit so banalisiert worden, dass der empfindsame Mensch am liebsten nur zu Hause bliebe. Doch lässt sich beweisen, dass es noch Ziele gibt, an denen wäre Unglaubliches zu entdecken (→ *Betäubunglärm*), Abenteuer der Poesie und Leidenschaft, so erregend, dass ich mit dem Gedanken spiele, eine Tourismus-Gesellschaft zu gründen, *Wortstoffhof-Tours*, warum nicht? Hier eine Auswahl möglicher Ziele:

Das *Hotel S. Mamede* in Portugal, auf das mich Frau D. aufmerksam machte, die in einem Münchner Reisebüro arbeitet und der Folgendes angeboten wurde: »Hotel S. Mamede benutzen 41 Viertel und 2 Räume. Alle Viertel haben privative WC, Trockner des Haares, bedingte Luft, Stab, Aufstellungsort des Seins, Aufstellungsort der Mahlzeiten und Aufstellungsort des Fernsehapparates.«

Das *Hotel Principe Palace* am Lido di Jesolo in Italien, das Frau T. aus Bischofswiesen kennenlernte. Das Hotel empfiehlt seinen Gästen Exkursionen nach Österreich, wo ein rares Vergnügen angeboten wird: »Durchnässen Sie auf der Atmosphäre des Landes zusammen mit dem Probieren des örtlichen Apfelstrudels.«

Die kleine Stadt *Nant* in Frankreich, die Frau V. aus München besuchte. Dort gibt es eine Kirche, an deren Eingang dieses Angebot gemacht wird: »Um Ihnen zu erlauben, die Schönheit besser zu schätzen von dieses Romane Abteikirche: stehen zu Ihrer Verfügung – Ein Zeitmesser, um

›schönen Christus von Nant‹ zu beleuchten, tief in die Die Kirche, an Ihrer Rechte, indem man hineingeht. – Ein Zerstäuber der Umgebungsmusik mit Beleuchtung des ganze angesiedelten Gebäudes, indem man auf der niedrigen Seite der Rechte aufrichtet, angesichts des dritten Pfeilers. Dort ein Stück von 1 Euro zu rutschen, dann zu bewundern.«

Urlaub auf dem Bauernhof *L'Uliveto* bei Imperia, wie Frau W. aus Wien ihn kennenlernte: »Für die Entspannung der netten Gäste bietet der Garten Winkel von Schatten und anderen von Tankfüllung allein an … Die Struktur verfügt über fünf Wohnungen von verschiedenen Oberflächen alle mit FERNSEHER satellitare und beraubt Parkplatz … Vorherige nach Buchung kann Ausflüge im Boot machen sowohl für sportliche Fischerei sowohl für die Sichtung von Walen ins Heiligtum der Walfische.«

Schließlich das *Hotel La Perla* in Rimini, von dem mir Leser S. berichtete. Es heißt dort auf der Internet-Seite: »Das Hotel La Perla von Rimini hat von Semprini Familie, die eine Erfahrung prahlt, geleitet von darüber hinaus 20 Jahre, siegreiche auch mit dem 1° Preis ›Gradisca 2001,‹ im 2002 und im 2003, außer: Besonderer Preis 2004! Das Hotel La Perla bietet die folgenden Dienste an: Heben Sie; Nacht-Pförtner; Weltraum hat mit Tischen und Stühle auf dem Spaziergang ausgestattet; Herrenfriseur und schmutzige Wäsche-Dienste (auf Bitte); Großer Karpfen-Arche…«

Wenn man darauf am Ende eines langen Lebens zurückblicken könnte, auf ein Leben voller Reisen. Einmal am Aufstellungsort des Seins gewesen! Einmal Umgebungsmusik zerstäubt! Einmal auf der Atmosphäre Österreichs durchnässt! Einmal das Heiligtum der Walfische gesehen – und auch die Große Karpfen-Arche!

Alles hätte sich gelohnt, nicht wahr?

AUF- UND ABSCHMELZEN

Aus der Welt der Koalitionsverhandlungen drang vor Jahren das Wort »Ehegattensplitting« an mein Ohr. Das hört sich an, dachte ich, wie ein anderes Wort für Scheidung, oder es klingt jedenfalls irgendwie nach einem schweren, mit Äxten ausgetragenen Ehestreit, bei welchem am Ende der eine oder andere Gattensplitter im Flur liegt.

Aber es ist ein Begriff aus dem Steuerrecht. Man wolle das Ehegattensplitting »maßvoll und flexibel abschmelzen«, sagte damals Frau Göring-Eckardt von den Grünen. Abschmelzen.

Der Sprachfreund staunt, wie jenes wunderbar klangvolle Wort, das Connaisseure am liebsten im Konjunktiv genießen (Hamlet: »Oh, schmölze doch dies allzu feste Fleisch…«), wie dieses Poetenverb also nun in der Hans-Eichel-Welt angekommen ist. Und wie doch das Steuerrecht alles im Leben aufnimmt und sich anverwandelt, auch die Liebe, die stets beginnt mit maßlos-leidenschaftlichem Dahinschmelzen im Arme eines anderen und dann eben endet im maßvoll-flexiblen Abschmelzen von Gattensteuersätzen.

Schmelzlich, schmelzlich, wie der Chinese sagt.

In vielen Fällen sind die Vorteile, welche Ehepartner aus dem Splitting ziehen, ja nichts anderes als Schmelzensgeld. Kann eigentlich etwas, das abschmilzt, auch aufschmelzen? Irgendwo bei Goethe heißt es:

> » Das Allerstarrste freudig aufzuschmelzen
> Muss Liebesfeuer allgewaltig glühen.«

Aber hier liegt der Verdacht nahe, der Alte habe das »auf« bloß aus metrischen Gründen angefügt; ihm wäre sonst der Versrhythmus zum Teufel gegangen. Hätte er übrigens geschrieben »Das Allerstarrste freudig abzuschmelzen«, wäre es das Gleiche gewesen – zwischen Auf- und Abschmelzen ist kein Unterschied, immer wird Hartes weich und Festes flüssig.

In Ganghofers Roman *Das große Jagen* findet sich der Satz: »Würdevoll, die Amtsmiene mit einiger Heiterkeit aufgeschmälzt, betrat der Landrichter … den stillgewordenen Hofraum.« Aber hier bedeutet »aufschmälzen«: einer Sache etwas hinzuzufügen, so wie man Maultaschen oder Brotsuppe mit Fett aufschmälzt, nicht wahr? Vor Jahren noch hätte man gesagt: »Frank Lehmann, die Berichterstattermiene mit einiger Heiterkeit aufgeschmälzt, verkündet uns Tag für Tag das Abschmelzen der Aktienkurse.« Sie erinnern sich an Lehmann? Das war jener Herr, der früher vor der *Tagesschau* die Börse kommentierte, lustig wie im Kasperltheater.

Man wartete immer, dass einer kam und ihm mit Kasperls Klatsche auf den Kopf haute. An manchen Tagen wollte man's am liebsten selbst tun.

Was noch mal das Ehegattensplitting angeht, so handelte es sich bei seinem Abschmelzen um eine Steuererhöhung, wenn ich alles richtig verstanden habe. Seltsam: Gewinne, Aktienkurse, Vermögen, auch die Polkappen – alles schmilzt ab. Aber die Zeiten werden immer kälter und härter.

AUSGEMACHTENUDELTUCKE

Dank eines weit gespannten Leserkorrespondentennetzes bin ich seit einiger Zeit in der Lage, über kulinarische Entwicklungen in aller Welt zu berichten, von denen man anderswo nicht mal etwas ahnt (➤ *Drahthuhn, Fischtageszeitung, Huhntorte*). In diesem Kapitel möchte ich auf ungewöhnliche gastronomische Ideen rund um den Globus hinweisen. Bitte bedenken Sie: Jedes Küchengenie hat namenlos begonnen, und was heute noch ohne Aufsehen in Quedlinburg oder der Bretagne aufgetischt wird, kann morgen schon in berühmten Restaurants Münchens, Hamburgs oder Berlins auf dem Teller liegen.

Ich habe mir erlaubt, die Zuschriften nach Länderküchen zu gliedern.

Deutsche Küche. Hier ist von einer erstaunlichen Entwicklung zu berichten, zuerst von Familie B. bei einem Ausflug in Quedlinburg entdeckt, auf dem Weg zum Burgberg. Dort wurde neben Schweinebraten auch »Bauernmädchen mit Rotkraut und Klösse« angeboten. Kein Einzelfall! Denn in Kulmbach, im Bistro einer dortigen Metzgerei (Frau F. schickte mir das Inserat), gibt es: »Omas Saures Fleisch mit Baumwollnem Kloß«. Und Frau E. berichtet aus der Kantine ihrer Firma in München, dort habe eines Montags »Fenchel-Organsuppe« auf dem Speiseplan gestanden.

Ist es zu fassen? Nach der *nouvelle cuisine* ein *nouveau cannibalisme*? Das kann jeden treffen, wie ich selbst von Leser K. erfahren musste, der in der Münchner Giselastraße vor einem Lokal ein Schild fotografierte, auf dem es hieß:

»Heute: Gebacken Hackefleisch mit Kartoffelen In tomaten Soß u. Basmati Reis«.

So schnell kann es gehen. Da ich selbst noch am Leben bin und keine Körperteile fehlen ... Ein Familienangehöriger? Ein Namensvetter? Wir zählen jetzt jeden Tag beim Abendessen durch.

Ob übrigens die Oma in Kulmbach ihren Beilagenkloß noch selbst gestrickt hat? Die Mitarbeit von Familienmitgliedern in der Küche ist ja gelegentlich im Gastgewerbe ohnehin etwas grenzwertig, wie ich aus der Zuschrift von Frau L. und Herrn H. aus Biberbach erfuhr. Sie ließen mir das Exemplar einer Speisekarte des *Highlander Hotel* irgendwo in Großbritannien zukommen, auf der zunächst ein vegetarisches Gericht mit der knappen Beschreibung »Pfanne Hat Mittelmeergemüse Gebraten« annonciert wird, die nächste Speise aber schon so lautet: »Frischer Örtlicher Lachssalat Garniert Hat, der inZitrone & Estragon sich Erschlichen Worden Ist, und Hat Sanft auf einem Bett von Gemischt Verläßt Gehockt«. Das ist wahrhaft schön gesagt, und wer nicht böswillig ist, weiß auch ungefähr, was gemeint ist. Anscheinend handelt es sich beim *Highlander Hotel* um einen Familienbetrieb, bei dem, wie gesagt, alle mitarbeiten müssen, denn am Schluss heißt es: »Alle gediente mit Küchenchef's Jahreszeitlich Gemüse auftischt, *und Baby Hat Kartoffeln Gekocht.*«

Sollte halt nur das Jugendamt nichts davon erfahren.

Italienische Küche. Hier scheinen sich ähnliche Ideen Bahn zu brechen, wenn auch zurückhaltender. Eine Runde von Freunden (ich war leider nicht dabei) entdeckte auf Elba »Fisch mit Weib und frisches Tomatensoße« auf der Karte. Herrn W. aus Meran wurde im Hotel *Corona* in Tirano »Kotelett zur Mailänderin« angeboten (aber auch »Wird tollwütig Pennette« sowie »Ich schneide ein Gewinde zum grünen Pfeffer oder dem Gitterrost«). In Fiesole fand Frau M. aus Baden-Baden »Ausgemachtenudeltucke mit kleine Gemüse«, Frau S. aus Coburg las auf den Zattere in Venedig das Angebot »Nudelspein« im Menü und entschied sich dann lieber für »Wrüstel«. Und Frau D. aß zum Dessert in Desenzano »Tartufo schwarzer weißer Mann oder«. Schließlich diese unfassbare Nachricht: Frau von Z. aus Schwabing berichtet von einem Hotelrestaurant in Abano Terme, in dem auf der Karte »Der Schwanz des Anglers« stand. (Es ging um eine *coda di rospo*, einen Seeteufel, wobei *coda* eben auch Schwanz bedeutet und der Seeteufel im Deutschen einen zweiten, seltener benutzten Namen hat, Angler nämlich, *anglerfish* sagt der Engländer.)

Internationale Küche. Hier möchte ich den Brief von Frau S. aus München zitieren, die auf der Isla Margarita in Venezuela eine »Sauce de tartare« sah, die auf Deutsch »Zahnstein sosse« hieß, wie immer sie hergestellt worden sein mag. Herr B. aus Aying weilte zu Recherchen im Hotel *Prima Sol El Mehdi* in Tunesien und entdeckte, dass man dort zu radikaler Ehrlichkeit, den Wein betreffend, gelangt ist, denn es wurde angeboten: »Tunesischer Wein (rot und geschönt)«. Ein Catering-Service aus Haimhausen bot, berichtet Frau F. aus Freising, »Chili con cane« an, Hundechili. Man hätte das eher in Asien erwartet. Herr H. fotografierte in Lissabon eine Speisekarte, auf der »Stange des meers gekocht/geröstet« ebenso angeboten wurde wie »Schweinefleisch an der Portugiesin« und »Schweinefleisch an den Papas« (➤ *Schweinekäse).*

Asiatische Küche. Herr H. aus Wiesbaden kann per Foto beweisen, dass in der Mensa der Universität in Mainz im Frühjahr »Gerüchte aus dem Wok« angeboten wurden.

Französische Küche. Die gewagtesten Trends kommen aus Frankreich, wo Herr R. aus Mammendorf einmal seinen Sommerurlaub verbrachte, in der Nähe von Carnac in der Bretagne. Hier scheint ein unentdecktes Genie am Werk, denn es wird angeboten, was in der Weltküche bisher unbekannt war: »Radhemmungen«. Niemand hat es bisher gewagt, »Radhemmungen« zu essen oder zu kochen, in Carnac aber werden sie auf souveränste Weise serviert und kombiniert, sowohl als Beilage eines Salattellers als auch zusammen mit »Ziegenkäse an den drei Parfüms«. Dazu dieser wohl zwischen Maschinenöl und Bremsbelag oszillierende Radhemmungsgeschmack, irgendwie dem Ich-schneide-ein-Gewinde-Gericht in Tirano verwandt – wuff! Wie schnell solche Trends in Frankreich voranschreiten, mag die wenig später eingetroffene Post von Frau L. aus Bochum belegen, die in der Camargue »Topf Formen bildet fraiche radhemmungen« auf dem Speiseplan sah, aber auch »Topf Formen des sünders fischsuppe, ausfugmasse von tomate, weibhan«, als wahre Sensation aber: »Kartoffeln am alten, grünem Salat Soße«. Eines der Hauptgerichte in Carnac übrigens: »Das Ding des Chefs«. Leider war Herr R. nicht bereit zur Bestellung. Aber man hat ja öfter Ferien. Carnac samt Umgebung sollte auf der persönlichen Reisespeisekarte jedes Gourmets von Anspruch verzeichnet sein.
Zum Ende unseres kleinen Ausflugs in die Weltküche fällt mir ein Gespräch mit Frau M. aus Mainz ein, die sich ihrerseits an eine Klassenreise nach Paris erinnerte, bei der die Schüler in einer Pariser Jugendherberge übernachteten. An deren Eingangstür stand auf Deutsch: »Bitte aufstoßen!« Man könne sich ja vorstellen, sagte Frau M., was da geschehen sei, wenn eine ganze deutsche Schulklasse diese Tür passierte.
Ja, das kann man, das kann man…

AUTORENERWACHEN

Über die Frage, wann Schriftsteller eigentlich aufstehen, weiß man wenig. Fontanes Tagebücher beginnen Tag für Tag mit dem Wort »Gearbeitet«, nichts übers Vorhergehende. Bei Kafka: nichts. Bei Frisch: auch nix. Nur Thomas Mann, natürlich, notierte Morgen für Morgen: »Gegen 8 Uhr auf. Heiterer Himmel.« Oder: »8 Uhr auf. Nebel.« Oder, am 3. April 1950: »Stand versehentlich um 7 statt um 8 auf. Unbehaglich.«

Dabei interessiert die Frage, wann Schriftsteller sich morgens erheben, den Bürger brennend. Denn der Nichtschriftsteller fantasiert sich den Schriftsteller gern als Bohemien und ist überrascht (und enttäuscht) zu erfahren, dass Künstler Kinder haben, die sie wecken, oder einen Wecker, der ... Egal. Worum es jetzt hier geht: dass die *Süddeutsche Zeitung* im Sommer 2004 einmal Tag für Tag einen Autor fragte, wann er eigentlich aufstehe.

Und was die Leute antworteten!

Kaum einer, von Yann Martel und Henning Mankell abgesehen, gab eine schlanke Antwort, teilte eine Uhrzeit mit oder so.

Nein, man las, dass Aris Fioretos sich auf Zehenspitzen aus dem Bett stiehlt »wie ein Dieb in der Nacht«, um sich dann, zwei orangefarbene Stöpsel in den Ohren, anzuschicken, »aus den Träumen Worte zu machen«.

Man las, dass Katja Lange-Müller aus einem Teller, der auf ungeöffneten Briefen steht, Linsensuppe frühstückt – unglaublich, aber anscheinend wahr.

Man las, dass Durs Grünbein gar nicht aufsteht, denn wer aufstehe, schrieb er, sei verloren. Man habe ihn ungefragt geboren, »und niemand fragt mich, ob ich sterben will. So leb ich hin und bald ist es vollbracht.«

Da bleiben einem gleich ganz früh die Linsensuppe im Hals und die Stöpsel in den Ohren stecken, so traurig ist das.

Mein Nummer-eins-Hit unter den Antworten: der wunderbare, leider verstorbene Walter Kempowski. Der stand zweimal auf, zuerst um sechs, duschte und rasierte sich, guckte aus dem Fenster – dann schlief er wieder. »Dann wird gelesen, und um neun erquickt an den Frühstückstisch geschritten. Hier kommt es zum Tagesgespräch mit meiner Frau, und dazu werden Marmeladenbrote gegessen.« Alles Passiv, aber besonders schön dieses »Tagesgespräch«, das offenbar einen so einmaligen, ritualisierten Charakter hatte. Was die Marmeladenbrote angeht: Da ruft der Leser von *Uns geht's ja noch gold* mit Mutter K. ein herzliches: »Mahlpolzeipott! Fiss biste patzt!«

Auf Platz zwei meiner kleinen Antwort-Hitliste lag Michael Lentz mit dem Rat: »Bei Unschlüssigkeit, ob der zum Aufstehen angemessene Körperzustand erreicht ist, in einem unter dem Bett liegenden Buch lesen.« Ja nun, aber wie? Hat der Mann ein Glasbett? Liegt er, samt Buch, lesend unter seiner Lagerstatt?

Falls jemand übrigens unschlüssig ist, was er lesen sollte …

Warum nicht mal wieder Max Frisch und seine Tagebücher, darin die Frage: »Wieso haben die Intellektuellen, wenn sie scharenweise vorkommen, unweigerlich etwas Komisches?«

BETÄUBUNGLÄRM

Gelegentlich erreichen mich deutsche Übersetzungen von Reiseprospekten, die in einem so süßen Deutsch abgefasst sind, dass man sofort aufbrechen möchte (➤ *Aufstellungsort des Seins*). Zum Beispiel die Gemeinde Santa Teresa Gallura auf Sardinien (das schickte Frau H. aus Erlangen), welche ihren Gästen schreibt: »Netter Gast, Willkommen zu Santa Teresa Gallura. Wir hoffen, daß die verhaltenen Auskünfte diese Broschüre ihr nützlich zurückkommen können. Santa ist Teresa Gallura eine kleine Mitte, wenig weniger weniger von fünftausend Einwohner …«

Dort, in Santa Teresa Gallura, befindet sich übrigens an einer Tankstelle ein Autostaubsauger, von dessen Existenz mich eine andere Leserin, Frau von K. aus Icking, unterrichtete. Sie las auf einem Schildchen dessen Gebrauchsanweisung: »Nur Stadtpulver können eingesaugt werden.« Frau von K. saugte Sand und Muscheln, was der Sauger erstaunlicherweise aber alles klaglos aufnahm und dem in seinem Inneren befindlichen Stadtpulver (oder im Falle von Santa Teresa Gallura, 4681 Einwohner, vielleicht eher: Städtchenpulver) hinzufügte.

Oder hier, das sandte eine Leserin, deren Brief ich leider verschlampt habe, ein ins Deutsche übertragenes Gedicht über die *Isola Maggiore* im Trasimenischen See:

> »Es gibt keine Verkehrsampel,
> Zebrastreifen und Schutzmann
> mit dem Taschenbuch,

keine Auto-Mopeds
Betäubunglärm.
Ist deiner Kopf zu schwer,
oder eilig Klapf dir deines
Herz, oder ist der Strick zu
viel gespannt ? – Komme
hier: es gibt jedes Mittel.«

Unübertroffen aber ist ein Text, in dem Anfang der neun-
ziger Jahre der damalige Fremdenverkehrsdirektor des slo-
wenischen Thermalbades Dolenjske Toplice, ein leider ver-
storbener Herr namens Pjut, seine Heimat pries. Herr S. aus
Eichenau schickte mir die sentimental-poetischen Zeilen, in
denen nicht nur die Schönheit Weißkrains (das ist die Gegend, in der die Thermen Dolenjske Toplices sich befinden)
vor unserem geistigen Auge erscheint, sondern auch die
Größe und Ausdrucksfähigkeit der deutschen Sprache jenseits aller grammatischen Korrektheit und Verständlichkeit.
Pjut schrieb: »Hier leben die Leute, denen sind die Woerter:
das Has, die Unfreundlichkeit, Hochmut, Aufgeblasenheit,
und vielleicht noch die Ungastlichkeit – fremdlich … In
Weisskrain die Traurigkeit, ueble Laune und aenliche Sache
ausdunsten, weil die sind nicht in Zusammenhang mit
Gesang und Jauchzen … Weinsfruehlung kann nur in seine
Brust werden wo – wegen guten Tropfen – die Arme
Reiche, unglueckliche glueckliche, Feinde Freunde und
die Narren Vernunfte entstehen. Behalten sie da um alles –
was sie schon vergessen haben dass noch existiert – zu ein-
saugen.«
Und (dies wirklich abschließend) falls Sie je das Hotel *The
Tea Factory* in Sri Lanka besuchen, das früher wirklich einmal eine Teefabrik war, stellen Sie sich auf Folgendes ein,

übersandt von Herrn F. aus München: »Erst das Hotel als ein Tee Fabrik gebaut das war in gute Kondition das Hochgeschwindigkeit blaste Wind zu halten. Das Wind fliest brancht naturalich fur grune Tee Blatter trocken die erste Processe der Orthodox Tees. Manche Gueste denken das Larm kommt aus das Wind und stort Mann ind er Nacht weitermehr whrend der Mittelnacht konnte Mann trommlen un dlante Texte singen hores von Nachbare Bauern dass sie Wild Tiere wie Wild Schweine und Wilde Buffelows. Die Gemuse und Kartofel Anbau zerstoren kommen farn zu haltenversuchen. Wenn Sie finden dies alles zu Schdafen stort konnen Sie an die Rezeption wenden und kostenlos Wattepfropfe kriegen.«

BEUTELTROPFEN

Falls Sie einmal in London-Heathrow landen und zwecks Weiterflug nach Gatwick transportiert werden möchten, vergessen Sie auf keinen Fall diese Information von *British Airways*, eingesandt von Frau P. aus Langenbach: »Wenn Sie mit britischen Fluglinien reisen und bereits eine verschalende Karte für Ihren vorwärts Flug haben, benutzen Sie unseren schnellen Beuteltropfen-Service, um Ihre Beutel niederzulegen.«

Das Wort »Beuteltropfen« verstand ich nicht, ich gab es also bei *Google* ein und landete so auf *www.articlestreet.com*, wo ich eingehend über französische Leuchter informiert wurde und eine Reihe von hochinteressanten neuen Wörtern lernte, ich zitiere auszugsweise:

»Wenn Sie einen Leuchter in Ihrem Haus hängen, das Sie schönes und praktisches etwas erwerben und ein Gegenstand, der ein Fokus für den Raum wird. Alle weiteren Dekorationen rotieren um ihn. Es wird ein sprechenpunkt, das Mittelstück ... Die Art des Leuchters, der mit Französearbeit ist, ist mehr geöffnet mit seiner strukturellen hauptsächlichunterstützung, die nicht durch Ketten oder einen Stamm aber eher durch einen Rahmen oder einen Rahmen mit den hübsch gebogenen Armen geliefert wird, häufig vergoldet und mit Tropfen oder Kerzen im Mitteraum ... Das ironwork auf französischen Leuchtern bis zum den 1900s war superbly verfeinert und attraktiv. Der Stamm konnte die Blätter und Stiele haben, die weg von ihm stützende Kristalltropfen, Blumen und Korne kräuseln. Für alle

Girlanden und *Beuteltropfen* ist Glasarme, volle Panoplie anderer Elemente, der französische Leuchter unterscheidend nie schwer oder gedrängt und immer, anziehend…«

Das finde ich nun wieder großartig von *British Airways*. Dass sie für die wenigen Besitzer französischer Leuchter, die unter Mitnahme ihres Leuchters nach Heathrow fliegen und von dort aus Richtung Gatwick weiterreisen müssen, einen solchen Service anbieten!

Wenn ich aber sagen sollte, woran mich der Beuteltropfen-Service in Wahrheit noch erinnert: Es ist der Brief von Herrn S. aus Unterschleißheim, der schrieb, er grübele seit Längerem »über die Aufforderung an den Zapfsäulen der Tankstellen, man solle ›Blasenfrei zapfen‹. Die ›Zapfpistole‹ ließ sich ja nicht beeinflussen, Blasen zu bilden oder nicht«. Aber gerade jetzt, schreibt S., da er »überlege, ob es nicht doch eine Anspielung auf die Probleme älterer Männer ist, scheint die Aufforderung zu verschwinden«.

Stattdessen aber gibt es ja nun den Beuteltropfen-Service, vielleicht gerade auch für ältere Herren.

Noch später verstand ich dann, dass der »Beuteltropfen-Service« eigentlich ein *Bag Drop Service* ist. Man kann dort also seine Tasche abgeben, *droppen*, aber *Bag* heißt eben nicht nur »Tasche«, sondern auch »Beutel« und *Drop* nicht nur abgeben, sondern auch »Tropfen«, und so ist es im Grunde ja auch viel schöner, rätselhafter, weiterführend.

BIERMÖRDER

Wir sitzen beim Frühstück, und Luis fragt: »Wovon gibt es eigentlich mehr: Wörter oder Menschen?«

Das sind Fragen, die mir gefallen. Wenn ich mir zehn Gründe überlegen müsste, warum es schön ist, Kinder zu haben, dann wäre einer der ersten drei Punkte auf dieser Hitliste: dass sie einem solche Fragen stellen.

Paola sagt: »Das ist eine sehr gute Frage, Luis.«

»Ja, aber die Antwort«, sage ich.

Es entsteht eine Pause. Dann sage ich: »Kommt darauf an, ob du nur jeweils das einzelne Wort meinst, oder ob man die Wiederholung eines Wortes mitzählt. Also, wenn ich ›Wolkenkuckucksheim, Wolkenkuckucksheim, Wolkenkuckucksheim‹ sage, sind das drei Wörter, oder ist es eines?«

»Ist egal«, sagt Luis.

»Ist es nicht«, sage ich. »Wenn es drei Wörter sind, ist die Zahl der Wörter größer als die der Menschen, wenn nicht – dann weiß ich es nicht.«

»Natürlich ist es *ein* Wort«, sagt Paola. Menschen seien unterschiedlich, also müssten es auch die Wörter sein.

»So unterschiedlich sind die Menschen auch wieder nicht«, sage ich. In irgendeinem Erziehungsbuch habe ich mal gelesen, es sei nicht wichtig, ob man einem Kind eine richtige Antwort gebe. Sondern es komme darauf an, dass man sich bei der Fragenbeantwortung Mühe gebe, und dass man auch sage, wenn man eine Antwort nicht wisse, damit das Kind lerne, dass seine Eltern nicht perfekt seien. Es verstehe dann, dass es selbst nicht vollkommen sein müsse.

Aber mich interessiert die Sache jetzt. Ich ziehe den Rechtschreib-Duden aus dem Regal und zähle die Zahl der Einträge, also die fett gedruckten in zehn Spalten, addiere das, teile durch zehn und habe eine Durchschnittszahl von Wörtern pro Spalte. Dann zähle ich die Spalten, multipliziere sie mit der Durchschnittszahl der Wörter und komme auf 124.410 Wörter.

»Es gibt mehr Menschen«, sage ich, »ganz klar.«

»Manche Wörter stehen nicht im Duden«, sagt Paola.

»Ganz klar«, sage ich und hole Band zwei des Grimmschen Wörterbuches, *Biermörder* bis *Dwatsch*. »Hört mal, was es hier für Wörter gibt!«, sage ich. »Bittrigkeit, Duzbrüdericht, Davidsschleuderstein, Bohnenkönig, dunstgeboren. Da ist manches Wort für zwei, drei Menschen gut.« Dann zähle ich die Stichwörter wie beim Duden und komme auf 1.130.320 Wörter in den 32 Bänden. Ich errechne die ungefähre Zahl aller Wörter (also auch die der erklärenden nach den Stichwörtern) im gesamten Grimmschen Wörterbuch: 78.724.800.

»Da sind Wörter doppelt drin«, sage ich. »Aber bei 80 Millionen Deutschen, hmm … Sind wir nahe dran mit den Wörtern. Und die meisten modernen Wörter kommen wiederum im Grimmschen nicht vor.«

»Und es gibt die Österreicher«, sagt Paola. »Und die deutschsprachigen Schweizer.«

»Wie es in China ist, weiß ich nicht«, sage ich. »Weiß der Henker, wie viele Wörter die Chinesen haben.«

»Es gibt sicher kleine Südseevölker mit eigener Sprache, die haben mehr Wörter als Menschen«, sagt Paola.

»Wie kamst du auf die Frage, Luis?«, frage ich.

»Weiß nicht«, sagt er und blättert im Micky-Maus-Heft der Woche.

BONUSMEILE

Die Bonusmeile ist in aller Munde, aber haben wir ihre gesamtwirtschaftliche Bedeutung wirklich ganz erkannt? Im *Economist* war zu lesen, zur Zeit seien etwa hundert Millionen Menschen auf der Welt an irgendwelchen Meilensammelprogrammen beteiligt. Sie hätten 8,5 Billionen nicht eingelöste Meilen auf ihren Konten gelagert, einen Gesamtwert von 550 Milliarden Euro repräsentierend: mehr als zwei komplette deutsche Bundeshaushalte. Der *Spiegel* prophezeite, eines Tages dürfte die Bonusmeile den Dollar als Weltleitwährung abgelöst haben.

Man stelle sich vor, all diese Menschen würden ihre ersparten Meilen mit einem Schlag einlösen wollen. Riesige Schlangen vor den Flughäfen, Menschentrauben vor den Schaltern, an den Tragflächen hängende *Senator-Card*-Besitzer, zwei *Frequent Traveller* auf einem *Economy-Class*-Sitz. Die Meile müsste abgewertet werden, es gäbe keine Flüge mehr dafür, nicht einmal Pilotensonnenbrillen oder Bordtrolleys aus dem *Lufthansa-Skyshop*. Nur noch Bahnausflüge nach Cottbus (mit dem Meilzug!) oder eine Familienkarte für die Wuppertaler Schwebebahn.

Weltumwallende Wut! Gestürmte Reisebüros! Revolution! Man mag sich das nicht weiter ausmalen. Lieber stellen wir uns vor, alle Bundestagsabgeordneten müssten zukünftig ihre Privat- und Dienstmeilen auf ein Gesamtkonto spenden, aus dem dann jedem Bundesbürger ein Mallorca-Freiflug zustünde. Das wäre gerecht. Damit wären der widerlichen Egoistik der Politiker und ihrer grenzenlosen

Flugsucht Grenzen gesetzt, zu unseren Gunsten, bitte-schön.

Andere Möglichkeit: Im *Economist* war auch zu lesen, dass man ja Meilen nicht bloß per *Miles-and-More*-Abo sammeln könne, sondern auch mit der Kreditkarte, ja sogar durch den Verzehr bestimmter Cornflakes. Zum weltweit reichsten Meilenbesitzer, einem wahren Meilionär, sei ein Mann geworden, der die gesamte Portokasse seiner Firma über die eigene Kreditkarte abgewickelt habe. Auf diese Weise sei er in den Besitz von 25 Millionen Meilen gelangt, genug, um 250 Mal London – Sydney und zurück zu fliegen.

Wie wäre es, wir würden den gesamten Bundesetat über die American-Express-Karte des Bundesfinanzministers laufen lassen? Das gäbe Meilen! Genug, um alle Bundestagsabgeordneten jahrelang zwischen Frankfurt und Australien pendeln zu lassen, inklusive Rudi Scharping als Ehrengast. Diese schrecklichen Politiker, die einen immer nur ärgern, wären aus dem Weg.

Und wir könnten uns endlich selbst regieren.

DADA

Vom Dadaismus hat man lange nichts gehört, schade, ich habe ihn gemocht, Hans Arp, Max Ernst, Hugo Ball, Tristan Tzara. Hier einige Zeilen als Beispiel, Auszug aus Richard Huelsenbecks Gedicht *Ebene*:

> » oder oder birribum birribum saust der Ochs im
> Kreis herum
> oder Bohraufträge für leichte Wurfminen-Rohlinge
> 7,6 cm
> Chauceur Beteiligung Soda calc. 98/100%
> Vorstehund damo birridamo holla di funga qualla
> di mango damai da dai umbala damo
> brrs pffi commencer Abrr Kpppi commence
> Anfang Anfang
> sei hei fe da heim gefragt«

Na, vielleicht muss man das einfach *hören*, wie man Ernst-Jandl-Gedichte *hören* muss, von ihm selbst gelesen.
Dada – wo bist du?
Kürzlich besuchten wir Freunde, die hatten eine Schreibmaschine, da setzte sich Luis davor, wir spannten ein Blatt ein, er schrieb. Eine Stunde später las ich:

> » die kröte wer ist
> der traktor ich fare mit dem traktor du
> das ist ja gut 123456789 ich kome
> der pawian ach du schrek komm schnel

komm endlich mach mach schon
du weist ja überhaupt nichtzz
da sind ja schpuren wein doch nicht
opel astra ist blöt wein doch nicht so
verari ist kuhl wein trinken
wein trinken verboten du bist ja net
der nikolaus das auto die garage
der blitz das kristkind ohoh oh
der atwentz j krans der atwentz kalender
die zwibel die tulpe bums
hiristes ja öde das ist ja zum kotzen
was ist den los auf die pletze vertig los
einlos bitte mano och nö
der schaten ja monopoli
wilkomer wilkomen im auto center münchen
die mäuse heilige ab anna heiliger peter
es regnet die katze der vogel die maus
überraschung äöü du esel
dein haus ist aber schön
dein lebkuchen haus ist aber schön
jetzt ist schlus
na endlich
ich kündige ich mach schlus
ende«

Dada lebt! In meinem eigenen Haus!

DIALOGE

Dieses Angebot hier könnte den Wortstoffhof entlasten, findet Leser M. aus München. Er entdeckte es seltsamerweise in seiner Autowerkstatt, wo über der Halle auf einem großen Schild stand: »Dialogannahme«. So etwas wird seit einer Weile von fast jedem Autohaus angeboten (wovon man sich im Internet leicht überzeugen kann), und man sollte nicht lange grübeln, warum ausgerechnet Kfz-Mechaniker Dialoge annehmen, sondern einfach seine alten, nicht mehr benötigten Dialoge dort vorbeibringen.

Weiß der Himmel, was sie damit tun, vielleicht werden sie in Radios eingebaut oder in Navigationssysteme.

DRAHTHUHN

Jeder kennt das: Man sitzt in einem Restaurant irgendwo im Ausland, möchte etwas essen, nimmt die Speisekarte zur Hand (➤ *Ausgemachtenudeltucke, Fischtageszeitung, Huhntorte*). Links sieht man die Speisen in der Landessprache verzeichnet, rechts in einer Sprache, bei deren Anblick man sich sagt: Kommt mir irgendwie bekannt vor. Sieht aus wie die Sprache, die ich selbst spreche, ist aber unverständlich. Mutet an wie Deutsch, ist aber kein Deutsch. Klingt jedoch, wenn man es leise vor sich hinmurmelt, schöner. Wie viele Leser haben mir schon von ihren Reisen reizendste deutsche Übersetzungen auswärtiger Speisekarten mitgebracht!

Da wäre Frau J. aus Stephanskirchen, die am Gardasee ein Gericht namens »Carpaccio von der Fischklinge« *(Carpaccio di pesce spada)* entdeckte, ein weiteres unter dem Titel »Geschnittene Kälte des Pferdes« *(Tagliata fredda di cavallo).* Oder hier, Herr R. aus Berlin, er verzehrte in Harrachov/ Tschechien eine »Rübezahl Nadel«, das war ein Fleischspieß. In Ungarn fand Frau G. aus Starnberg auf verschiedenen Speisekarten »Drahthuhn«, welches sich als »Truthahn« entpuppte; auf Mallorca gab es »Huhnklumpen«, nämlich *Chicken McNuggets.* Frau W. aus Gronsdorf wurde auf einem Campingplatz bei Grosseto eine Speise mit der Bezeichnung »Du entgehst zum gitterrost« angeboten, auf Italienisch waren das *Scampi alla griglia.* Dazu muss man wissen: *scampare* heißt »entgehen«, *scampi* bedeutet »du entgehst« – wobei das Interessante ist, dass nicht erwähnt wird, *wem* »du« (wer denn überhaupt?) entgehst, wohl aber *wohin:*

alla griglia, zum Gitterrost, dem Schicksalsort so vieler Scampi. Kann man da wirklich von »entgehen« reden, jedenfalls wenn »du« ein Tiefseekrebs wärest? Man grübelt lange.

Zum Besten im Genre zählt die Nachricht von Herrn U. aus Falkensee, der in der polnischen Stadt Torun (zu deutsch: Thorn) ein Restaurant namens *Magyar Etterem Hungaria* besuchte, wobei *Hungaria* keineswegs »großer Appetit« bedeutet, sondern »Ungarn«. Hier fand U. ein Gericht namens »Schweinefleisch Dänemark«, eine Seite weiter sogar »Dänemark ohne Fleisch«. U. hatte polnische Verwandte bei sich, die erklärten, das polnische *danie* bedeute »Gericht«, sein Plural sei *dania*, was »Dänemark« heiße. Also seien *dania z wieprzowiny* einerseits »Schweinefleischgerichte«, andererseits »Schweinefleisch Dänemark«. Und vegetarische Speisen (»ohne Fleisch« also) sind »Dänemark ohne Fleisch«. U. schreibt: »Allein die Möglichkeit, als Deutscher in einem ungarischen Restaurant in Polen »Dänemark« bestellen zu können, begeistert mich. Solche Chancen verdanken wir der europäischen Einigung.«

Und wenn auch die Türkei einmal der EU beiträte? Dann wäre unser Glück perfekt, denn hier kommt nun der absolute Höhepunkt des Themas, die Rezepte auf der einerseits türkischen, andererseits irgendwie deutschsprachigen Internetseite *turkiyeninrehberi.com* auf die mich Herr K. aus Mittenwald hingewiesen hat. Dort wird (sehen Sie nach, wenn Sie es nicht glauben) unter anderem die Zubereitung so wunderbarer wie selten-seltsamer Speisen erläutert: KunstiErwürgt Salat, Schenkel der Frau Kofte, Feiger Fischteich, Hühnchen und Gemüse stopften sich voll, Pilaf mit Leber und Wahnsinnigen, Aufregung Kebabi, Auf und Ab Geback, Enträtselte Schweiß-Geback sowie, ist es denn die Möglichkeit!?: Atem Mit Pilz.

Solche Gerichte sind, das wird jeder Verständige einsehen, nicht mit normalen Mitteln zuzubereiten. Wir finden daher im Rezeptteil Maßnahmen wie folgende:

»Hacken Sie die Rakete, bevor alle Zutaten mischen.«

»Breiten Sie sich über den Salat gleichmäßig.«

»Vermischen Sie sich mit Hackfleisch.«

»Füllen Sie sich mit Mischung, Verständigen Sie sich in einem Kochtopf nebeneinander.«

»Kochen Sie Die Salat-Blätter freundlich.«

»Nehmen Sie den Halblamm-Hieb, biegen Sie es und Krawatte(Band) mit Seil, Platz in einem Brett.«

»Verständigen Sie sich auf einem eingefetteten Backen-Bettuch.«

»Machen Sie die feigen geistigen Leiste-Fähigkeiten hout Knochen, und teilen Sie sich in vier.«

»Waschen Sie sich und Blutgeschwür in zwei Schalen des Wassers, bis sie ziemlich weich sind.«

»Peitschen Sie den Käse.«

»Zerquetschen Sie oder schleifen Sie die pistachio Wahnsinnigen.«

»Falte-Ecken von Gebäck über Zentrum, leicht drückende Ecken, um auf Robbenjagd zu gehen.«

»Waschen Sie sich und trocken Sie die Auberginen.«

»5 Minuten vor dem Ende der kochenden Zeit, Fügen Sie die Erbsen und den schwarzen Pfeffer, Decke mit einer Serviette hinzu, *und reisen Sie nach 20 Minuten ab.*«

Falls Sie nach Ihrer Abreise noch kochen möchten, hier ein Komplettrezept, jenes für »Senf-Steak-Leiste« nämlich:

»Schmutzflocke der Knoblauch und Senf auf zur Leiste. Gestellt in zum Ofen dann Schmutzflocke brät das feine weiße Mehl auf Leiste es dann. Dienen Sie durch Senf-Wurst. Guter Apetite.«

DUDEUTSCHLAND

Das Ruck- und Racker-Gerede nahm kein Ende mehr, gerade hatte es in *Bild* noch geheißen »Wir sind Papst«, da begann 2005 die große Kampagne *Du bist Deutschland.*
Muss man denn alles selbst machen?, dachten nicht wenige von uns.
Du bist Deutschland. Verlage, Fernsehanstalten, alle hatten sich untergehakt, überall in Duzland stellten sie Anzeigenplatz im Wert von dreißig Millionen bereit.
Dreißich Milljonen, is dit mehr wie hundat mal hundat, Vatta?
Ja, mein Sohn, und außerdem gibt es noch heute die offizielle Internet-Seite *Du-bist-Deutschland.de*, auf der hatte ein anonymer Sprachkünstler das Manifest »Du bist das Wunder von Deutschland« veröffentlicht, vielleicht haben den Text auch Nena, Horst Köhler und Maharishi Yoga gemeinsam geschrieben, man weiß es nicht.
Jedenfalls beginnt das Manifest folgendermaßen: »Ein Schmetterling kann einen Taifun auslösen. Der Windstoß, der durch seinen Flügelschlag verdrängt wird, entwurzelt vielleicht ein paar Kilometer weiter Bäume.«
Wenn das so ist, möchte man angesichts der immer zahlreicher werdenden Naturkatastrophen sagen: Vielleicht könnten die Herren Schmetterlinge mal ein bisschen vorsichtiger sein?
Aber Achtung: Das ist eine Metapher, du verstehn, Deutschland? Metaffa. Will bedeuten: kleine Ursache, große Wirkung. Du, kleiner Mann, der du Deutschland bist, zu

dem wir also unsere Dreißig-Millionen-Kampagne hinuntertröten, kannst Erhebliches bewirken, wenn du dich ein bisschen zusammenreißt. In der Sprache des Manifests: »Du bist von allem ein Teil. Und alles ist ein Teil von dir.« So weit wäre noch alles in Buddha, aber nun kommt's langsam dicke. Denn manifest heißt eigentlich »handgreiflich«, und deswegen schreiben die Manifest-Autoren: »Deutschland hat genug Hände, um sie einander zu reichen und anzupacken. Wir sind 82 Millionen. Machen wir uns die Hände schmutzig. Du bist die Hand. Du bist 82 Millionen.« Das ist die Stelle, an der man, erstens, sich fragt, warum eigentlich nur immer Pete Doherty in den Entzug muss. Zweitens möchte man Jack Nicholson zitieren, wie er in *Besser geht's nicht* sagt: »Wer in Metaphern spricht, kann mir mal den Schritt shampoonieren.«

Aber! Wir sind noch nicht am Ende, Deutschland, auch wenn du jetzt deine 164 Millionen schmutzigen Hände über deinen 82 Millionen Köpfen zusammenschlägst.

Wir sind nicht am Ende!

Denn da war ja noch die Sache mit den Flügeln. Und den Bäumen. Darauf muss man zurückkommen, und deshalb heißt es am Manifestschluss: »Bring die beste Leistung, zu der du fähig bist. Und wenn du damit fertig bist, übertriff dich selbst. Schlag mit deinen Flügeln und reiß Bäume aus. Du bist die Flügel, du bist der Baum. Du bist Deutschland.« So liegt das nun hier im Wortstoffhof. Und keiner holt es ab.

EINZELTEILZAHL

Frau D. aus Montabaur bestellte vor einer Weile eine CD bei *Amazon*, diese kam dann per Luftpost aus den USA, schnell genug für Frau D., aber nicht schnell genug für die Vertriebsfirma selbst, die sich mit einer Mail wortreich entschuldigte (»Bitte traurig für irgendeine Unannehmlichkeit, dass dieses diesmal verursachen kann«) und zum Kontakt aufforderte (»also bevor Sie ein Rückgespräch leben, treten Sie und mit uns überprüft in Verbindung«). Die Post schloss mit einem Satz von, wie Frau D. schreibt »orakelhafter Schönheit«, der sie den ganzen Nachmittag rätseln ließ: »Erinnern Sie sich, Ihre Einzelteilzahl für unsere Aufzeichnungen einzuschließen.«

ENTFETTUNG

Erinnern Sie sich noch an den *Nationalen Aktionsplan Fit statt fett*, den die Bundesregierung im Jahr 2007 vorstellte?

Nein? Wie ist das möglich? Wie kann man sich daran nicht erinnern? An diese wunderbaren großen Worte?! National. Aktion. Plan. Fit. Fett. Wie soll man eine Sprache mit so großen Worten nennen?

Endfett, würden Jüngere sagen. Ältere würden sie vielleicht lieber etwas entfetten.

»Regierung will Fettleibigkeit eindämmen«, das war jedenfalls die Schlagzeile der *FAZ* damals. National! Aktionsplan! Es ging richtig los, damals. Eindämmung der Schwartenflut. Öffentliche Fettverbrennung. Zusätzliche Mittel aus allen Haushalten.

Die Schlacht gegen die Adipositas.

Die Regierung teilte in jenen Tagen mit, jeder Bürger solle 3000 Schritte am Tag zusätzlich unternehmen. Da würde man, dachte ich, mit Freiwilligkeit aber nicht weit kommen. Wenn wir 3000 Schritte mehr als bisher gehen sollten, musste man zunächst feststellen, wie viele Schritte jeder von uns bisher pro Tag machte: Bestandsaufnahme! Analog zur Steuererklärung wäre der Bürger zu verpflichten, dachte ich, seine Tagesschrittzahl zu erfassen. Eine Schritt-Erklärung abzugeben. Wo? Bei einer zu errichtenden Bundesfettagentur und den lokalen Körpergewichtsmeldestellen. Hier würde auch, dachte ich, die Steigerung der Schrittmenge nachzuweisen sein, ein jährlicher Schrittbescheid hatte zu ergehen, gez. Dickhaut, Ltd. Oberfettrat.

Ministerin Schmidt sprach, so die *FAZ*, »von einer beabsichtigten Verringerung der Übergewichtigen um 20 Prozent«. Am einstigen Minister Fischer hatten wir gesehen, was das im Einzelfall bedeuten konnte. Wir mussten aber auch erkennen, wie schnell ein solches Personenfünftel wieder am Leibe sein kann, die Ernährungswissenschaft spricht heute noch vom »Joschka-Joschka-Effekt«, den es unter allen Umständen für immer auszuschalten galt.

Die Regierung plante deshalb, durchzusetzen, dass in Restaurants, Zügen und Flugzeugen »gesunde Alternativen« auf den Speiseplan kommen. Wäre es nicht besser, dachte ich, hier aus der Bekämpfung des Rauchertums zu lernen? Essen in Restaurants, Zügen und Flugzeugen überhaupt zu verbieten? Wer essen will, dachte ich, soll gefälligst vor die Tür gehen, wo ihn jeder sehen kann, und wo es den Kontrolleuren der Bundesfettagentur leichter fällt (analog zu Führerscheinkontrollen), schnelle Schrittzählerüberprüfungen durchzuführen.

Man muss bedenken, dass Produktion und Verzehr von Lebensmitteln mit Entstehung von Kohlendioxid und Methan verbunden sind. Wer jetzt noch isst, vernichtet die Lebensmöglichkeiten auf der Erde. Der Nationale Aktionsplan und das Kyoto-Protokoll gingen also Hand in Hand. Wobei man vom Kyoto-Protokoll ja immer wieder gehört hat, aber vom »Nationalen Aktionsplan Fit statt fett« eigentlich immer weniger.

Warum – das verstehe ich auch nicht.

ENTRÜPELUNG

Wie ich die Dienstleistungsgesellschaft liebe! Herr P. aus München schickte mir das Foto eines Firmenschildes, auf dem »Transporte, Büro & Küchen-Montage, Entrüpelung« offeriert wurden, Letzteres ein Dienst, den man mittlerweile nur gar zu gern beinahe täglich in Anspruch nehmen würde, denn die Zahl der Rüpel auf unseren Straßen und Radwegen sowie auch in den Fußgängerzonen hat unüberschaubare Ausmaße angenommen. Entrüpelung tut dringend not (➤ *Hupraum*).

ERFÜHLUNG

2002 hat das Institut der deutschen Wirtschaft festgestellt: Es gibt nicht nur die statistischen, Monat für Monat vom zuständigen Bundesamt gemessenen Preissteigerungen, es gibt auch eine »gefühlte Inflation«. (Nicht zu verwechseln mit der »gefüllten Inflation«, die gibt es nicht, und auch nicht mit der »gefühlten Kalbsbrust«, die gibt es nur in wenigen Gasthöfen des Auslands.)

Die meisten von uns hatten das natürlich längst gewusst. Denn wie es viele Menschen gibt, die wetterfühlig sind, bei denen also angesichts nahender Gewitter oder heranziehender Tiefs eine alte Kriegsverletzung schmerzt oder eine Operationsnarbe juckt, so gibt es unter uns auch die Preisfühligen, die beim Betreten teurer Lokale oder bestimmter Modegeschäfte von einem Schwindel befallen werden. Sie müssen sich an ihrem Partner festhalten, und fragt man, was mit ihnen sei, antworten sie: »Ich fühle es, die Preise sind hier so hoch, zehn Prozent mehr als nebenan.«

Es gibt natürlich auch Leute, die da vollkommen unempfindlich sind. Sie spüren einfach nicht, ob etwas zu teuer ist. Das sind jene, die man dann in der Bank am Geldautomaten sieht, wie sie blassen Gesichts die Maschine umklammern, um nicht ohnmächtig zu werden. Oder wie sie sich in den Papierkorb neben dem Kontoauszugdrucker erbrechen.

Die Inflationsfühligen unter uns aber hatten sich schon Wochen vor jener Bekanntgabe durch das Institut der deutschen Wirtschaft gesagt: 1,9 Prozent Preissteigerung seit

Einführung des Euro – das kann nicht angehen, es müssen etwa 4,8 Prozent sein.

Und was sagte dann das Institut? Die gefühlte Inflation betrage 4,8 Prozent.

Eine schöne Bestätigung für uns Gefühlsmenschen! Jeder von uns hatte doch gemerkt, dass der Euro das Leben verteuerte, und dabei hatten wir sowieso schon über unsere Verhältnisse gelebt. Kiwi-Früchte waren nach dem Warenkorb des Statistischen Bundesamtes 30 Prozent teurer geworden, Rollmops 15,6 Prozent, Ölsardinen 16,1 Prozent – man wusste ja schon gar nicht mehr, was man essen sollte! »Feindesinfektionsmittel« plus 2,3 Prozent, stand da.

Feindes-Infektionsmittel? Ach so: Fein-Desinfektionsmittel. Natürlich gab es auch Produkte, die billiger wurden: Tintenstrahldrucker zum Beispiel minus 17,2 Prozent oder Spielzeugautos minus 0,4 Prozent. Wahrscheinlich liegt hier generell die Lösung des Inflationsproblems für den Bürger: Wenn also die Preise für neue Absätze von Damenschuhen um 5,7 Prozent steigen, die Kosten für Schweinekoteletts aber um 5,7 Punkte fallen, dann kaufen wir Koteletts statt Absätze, das ist logisch, oder?

»Mögen alle Deine Wünsche in Erfüllung gehen!« So gratulierte mir jemand zum Geburtstag. Ein Wunsch, der auch mich erfüllt und den ich erfühle.

FAHRGASTWUNSCH

In den neueren Straßenbahnen der Leipziger Verkehrsbetriebe, schreibt mir Frau R., gebe es kleine gelbe Kästen mit einem Knopf, über dem »Fahrgastwunsch« geschrieben stehe. Man denkt da sofort über das offensichtlich zutiefst poetische Wesen der Leipziger Verkehrsbetriebe nach, die Menschen nicht nur Fahrkarten verkaufen und sie befördern wollen, sondern nebenbei auch kleine Wunschmaschinen installiert haben, die es ermöglichen, während der Fahrt aus einem unbestimmten Sehnen heraus einen konkreten Wunsch (oder jedenfalls einen Fahrgastwunsch) in sich zu formulieren, dann die Augen zu schließen und zu drücken...

Über den Türen der neueren Leipziger Straßenbahnen steht dann aber: »Vor dem Aussteigen bitte Fahrgastwunsch betätigen.« Betätigen? Muss es nicht *bestätigen* heißen? Ja, so wird es sein. *Betätigen* ist sinnlos, wie soll man einen Wunsch *betätigen*? *Bestätigen* aber bedeutet, während der Fahrt die am allertiefsten verborgenen Fahrgastwünsche in sich selbst zu erkennen und dann vor dem Aussteigen den Fahrgastwunschknopf zu drücken, woraufhin auf drahtlos-wunderbare Weise die Leipziger Verkehrsbetriebe von diesem Wunsch erfahren und ihn zu erfüllen trachten. So und nicht anders ist der irgendwie enttäuschte Gesichtsausdruck zu erklären, den der Besucher Leipzigs in den Gesichtern vieler Menschen dort stets zu erkennen meint: ein unerfülltes Harren, ja, ein geradezu fahrgastwunschloses Unglück vieler Ausgestiegener. Denn in der Leipziger Verkehrsbetriebszentrale sitzt zweifellos ein ratloser Mensch vor einer langen Liste von Fahrgastwünschen, ja, von allerdringendsten, jedoch unerfüllten, zu erfüllen auch gar nicht möglichen Fahrgast*verlangen*…

Wobei nicht nur Fahrgäste Wünsche hegen, sondern auch Beförderungsbetriebe, die Bahn zum Beispiel, wie ein Brief meines Lesers B. aus St. Ingbert beweist. B. fuhr mit dem Intercity von München nach Saarbrücken, als der Zug zwischen Ulm und Stuttgart plötzlich auf freier Strecke hielt und der Zugführer zwei Mal verkündete:

»Meine sehr geehrten Damen und Herren, dies ist ein außerplanmäßiger Halt. Bitte halten Sie – zu Ihrer eigenen Sicherheit – die Außentüren geschlossen!«

B. schreibt mir dazu: »Ich habe mich sogleich spontan und wirklich engagiert darum bemüht, der Aufforderung Folge zu leisten; doch schaffte ich dies leider nur an einer einzigen Tür (dort allerdings durchaus mit Erfolg). Demgegenüber zeigten sich die Mitreisenden wesentlich weniger sicherheitsbewusst: träger oder ›abgebrühter‹? Jedenfalls habe ich mir vorgenommen, beim nächsten Mal eine ausziehbare Stütze (wie man sie für Arbeiten an der Zimmerdecke verwendet) mitzunehmen, damit ich auf diese Weise immerhin zwei Türen gleichzeitig sichern kann.«

Seltsamerweise warben ungefähr zur gleichen Zeit, wie mir Herr S. aus Berlin mitteilte, die Berliner Verkehrsbetriebe mit einem »Tag der offenen Tür«, wobei S. sich mit Recht (auch angesichts der Ereignisse im IC München – Saarbrücken) fragte, »ob ein Tag der offenen Tür in Bussen und Bahnen wirklich sinnvoll ist«.

Vielleicht halten wir es doch mit Leser S. aus Unterschleißheim, der sich an bestimmte Anweisungen des Personals in der Münchner U-Bahn grundsätzlich nicht hält. Er schreibt: »Die Lautsprecher-Anweisung ›Bitte an allen Türen einsteigen‹ zum Beispiel befolge ich prinzipiell nicht.«

FAHRZEUGINNEN-AUSBAU

Mitte Oktober 2007 erschien *Die Zeit* einmal mit der schönen Leitartikelüberschrift »Chefinnensache«, worunter aber dann nicht von der Sache mehrerer Chefinnen die Rede war, sondern nur von einer Chefin (Angela Merkel nämlich) und ihrer Sache, weshalb es im Grunde »Chefinsache« hätte heißen müssen, weil man ja auch »Chefsache« sagt und nicht »Chefssache«.

Aus irgendeinem Grunde scheint aber hier ein Problem der deutschen Sprache zu liegen, denn nur vier Wochen zuvor hatte Hermann Unterstöger in seiner großartigen Sprachkolumne in der *Süddeutschen Zeitung* die damals aktuelle *Vanity Fair* zitiert, in der zu lesen gewesen war, Angela Merkel habe an Maria Furtwänglers Hals eine Kette gesehen, die ihr sehr gefallen habe. Unterstöger weiter: »Dazu munkelte das Blatt, ob ›Kanzlerinnengatte‹ Sauer den Wink wohl verstanden habe. Der kann nun zusehen, wie er den Verdacht der Vielweiberei loswird.«

Ist es nicht aber auch schwer mit diesen Pluralen weiblicher Wörter? Nie wird mir der Beitrag von Frau M. bei *brigitte.de* aus dem Kopf gehen, in jenem Forum, das sich dort jahrelang mit dem *Weißen Neger Wumbaba* beschäftigte. M. schrieb, sie habe an einer Frankfurter Werkstatt das Wort »Fahrzeuginnenausbau« gelesen und eine Weile gebraucht, um zu verstehen, dass es nicht um »Fahrzeuginnen-Ausbau« gehe, sondern um »Fahrzeug-Innenausbau«. (Die *taz* hätte sicher von vorneherein »FahrzeugInnenausbau« geschrieben.)

FÄUSTELE

Als Boris Becker 36 Jahre alt wurde (»zu alt, um nur zu spielen, zu jung, um ohne Wunsch zu sein«, wenn ich aus gegebenem Anlass den Faust zitieren darf), als Boris Becker also 36 wurde, teilte er der *Bunten* mit, er habe sich mit Goethe beschäftigt und sei zu folgendem Ergebnis gekommen: »Wie Faust suche auch ich immer wieder Herausforderungen.«
Diese früh angelegte Faust-Identifikation und lange Goethe-Rezeption veranlassten Becker dann, seiner eben mit 36 Jahren vorgelegten Autobiografie den Titel *Augenblick, verweile doch...* zu geben. Das Werk wurde Opa Franz und Vater Karl-Heinz zugeeignet. Man war gerührt. Erinnerte sich an Goethes Zueignung des Faust: »Ihr naht euch wieder, schwankende Gestalten!«
Und wie J.W.v.G. seinem Werk den »Prolog im Himmel« voranstellte, so gibt es auch bei Becker einen Prolog.
Aber auf dem Sofa.
Auch treten darin nicht die Erzengel auf, sondern Noah, Elias und Hund Juey, denen B. aus der Bibel vorliest – worauf Noah, Elias und Juey einschlafen und Becker »ein Glücksgefühl« empfindet. Das kann jeder Vater nachvollziehen, der nach hartem Tag die Rangen zur Ruhe gebracht hat, dazu mit so gehobener Lektüre. Doch vermeint Becker, der faustisch Sehnende, in seinem Buch sogleich, den Teufel im Raum zu spüren. »Holt Mephisto jetzt etwa meine Seele«, schreibt er, »weil ich in diesem Moment genau das empfinde, was Faust niemals empfinden zu können behauptete und worauf er sein Leben verwettete?«

Hey, denkt man, das ist wie bei Deutschlehrers zu Hause! Wenn ich eben mal für jene, die den Faust nicht präsent haben, zitieren darf, was er im Studierzimmer zu Mephisto sagt?

> » Werd ich zum Augenblicke sagen:
> Verweile doch! du bist so schön!
> Dann magst du mich in Fesseln schlagen,
> Dann will ich gern zugrunde gehn!«

In Beckers Buchtitel wird das zu *Augenblick, verweile doch…* Und man hört den Leimener, wie er an einer Bar sitzt, ein Gretchen geht vorbei, und »der erfahrene Jäger« (Selbstbezeichnung, Seite 304) sagt in diesem herrlichen Leimenerdeutsch: »Ähm, Augenblick, verweile doch… Du bist so schön!« (Wie sagte er doch selbst in der *Bunten*: »Am Ende des Tages sind auch Tennisspieler Menschen, die in langen Nächten Neigungen haben.«)
Ja, das wäre auch ein schöner Titel gewesen: *Augenblick, verneige dich…* Oder: *Augenblick, übernachte doch…*
Wie gesagt, er war da 36, und manchmal wünschte man sich, seine Autobiografie gelesen habend, er würde erst mit siebzig Wimbledon gewinnen. Hätte noch Großes vor sich, nicht bloß Shows, Ehen und Geschäfte. Und würde einmal wieder in seiner ganz eigenen Sprache, nachdem er den Ball bloß ins Netz gejagt hatte, statt ihn drüber zu spielen, rufen, nein *auf den Platz spucken* wie einst: »Rüpä! Dä Pall muss rüpä!«
Oder nach einem Break die Faust in die Luft stoßen, *seine* Faust, die Becker-Faust, die einzige Faust, die in seinem Leben wirklich je der Rede wert war.

FIARE

Einmal im Frühherbst, als die Kühe noch draußen auf den Weiden standen, fuhr ich von München aus nach Süden durchs liebe Bayernland, war ein wenig müde, wollte mich erholen und wandern. Ich kam in ein Dorf, das ich sehr liebe, saß bei einem Bauern, den ich lange kenne, und trank Kaffee. Wir redeten über dieses und jenes und kamen, als wir über die Wanderwege der Gegend sprachen, auf Richtungsbezeichnungen und die Präpositionen, mit denen man diese Richtungen bezeichnete.

Also: Fährt man von diesem Dorf (nennen wir's Waldhausen) nach Rosenheim, so sagen die Einheimischen, sie führen nach Rosenheim »eine«. Begibt man sich aber Richtung München (wenn auch vielleicht nur bis zum Irschenberg), fährt man »auffe«. Nach Salzburg hingegen ebenso wie zum Beispiel nach Wasserburg geht es »obe«. Wandert man hinüber nach Treiblfing, geht man »umme«, auch nach Tannenburg übrigens. Nach Schneidling geht es »obe«, nach Steinhausen wiederum »auffe«, nach Hochholzen jedoch »hintre«, was die Hochholzener besser nicht hören, denn sie sind der Ansicht, ihr Ende des Tales sei der Anfang. Welcher Ort (Waldhausen oder Hochholzen) nun der Anfang ist und welcher das Ende, das wird auf ewig umstritten bleiben.

Ich hatte mir, während wir so redeten, alles notiert, dann ging ich aus dem Haus und meiner Wege, aber der Bauer kam mir hinterhergestürzt und rief, er habe etwas vergessen. »Was denn?«, fragte ich.

»Fiare«, sagte er. Wenn man unten in Schneidling sei und zum Beispiel von der Bank zum Rathaus hinübergehe oder vom Kaufhaus zum Schuster, dann gehe man »fiare«. Auch die Tannenburger sagten, wenn sie sich nach Birndorf begäben, sie führen »fiare«. Hingegen sagten die Birndorfer ihrerseits, wenn sie die Tannenburger besuchten, sie gingen »umme«.

»Warum das?«, fragte ich.

»Des is einfach so.«

Ich dachte: Wie kann man ein Land nicht lieben, das solche Präpositionen hat und diese Leidenschaft dafür!?

Ich wanderte für mich hin, zuerst ein wenig obe, dann auffe und umme. An einer Weide sah ich eine Herde braunweiß-gefleckter Kühe und beobachtete, wie eine Kuh mit den Vorderläufen auf eine andere kletterte, in der Art, wie man es vielleicht von einem Stier erwartet hätte, nicht jedoch von einer Kuh, aber was weiß man von den Tieren, ich jedenfalls wenig.

Wie unbeholfen das aussah! Ich dachte: Was das für ein Lebensgefühl sein muss, wenn man keine Hände hat … Man steht da so rum auf vier Beinen und kann nichts anfassen, nichts heben und nichts senken, nichts drehen und nichts wenden – das ist nicht schön! Es ist doch eigenartig, dass sich die Entwicklung von Händen für die Kühe im Laufe der Evolution nicht ergeben hat. Ich meine, unsere Vorfahren haben irgendwann den aufrechten Gang erlernt und aus den vorderen Extremitäten Hände entwickelt – warum? Weil es ihnen von Nutzen war. Auch den Kühen wäre aber die Entstehung von Händen nützlich gewesen, meine ich.

Erstens könnten sie sich gegenseitig selbst melken. Zweitens wären sie dann in der Lage – einen Zuwachs an Hirnfähigkeiten vorausgesetzt, der sich aber wie von selbst eingestellt hätte, denn das Hirn eines Wesens, das Hände hat, muss sich automatisch besser entwickeln als das eines handlosen Tieres –, zweitens also wären sie dann in der Lage, auch Butter und Käse selbst herzustellen und die so entstandenen Produkte auch selbst zu vermarkten. Drittens hätte so eine ganz und gar eigenständige Rinderwelt entstehen können: Wo immer man sich bewegte, stünden Kühe am Wegesrand und verkauften Molkereiwaren. Und früge man sie nach dem Weg, würden sie selbstverständlich einen Arm heben und den Weg zeigen: Do umme, dort obe, hier auffe ...

Daran hat natürlich kein Mensch ein Interesse, denn wenn das so wäre, bestünden ja die Bauernverbände entweder gar nicht oder aus Rindviechern. Das kann niemand wollen. Also ist es gerade so schön wie es ist.

Voll solcher Gedanken fuhr ich nach München auffe.

FISCHTAGESZEITUNG

Als ich ein kleiner Junge war, befand sich gleich um die Ecke unseres Hauses ein Fischgeschäft, in dem es frischen Fisch gab, der, wenn man ihn gekauft hatte, in eine alte Zeitung eingewickelt wurde. Solche Fischgeschäfte sind selten geworden, noch seltener aber jene Fischgeschäfte, in denen der Fisch in alte Zeitungen verpackt wird; der Fischhändler von Rang hat dazu heute sein spezielles funkelnagelneues Packpapier. Am allerseltensten aber sind Orte, an denen frischer Fisch zusammen mit einer frischen Zeitung angeboten wird. Im Grunde kenne ich nur einen, dank Frau W. aus Wasserburg, die mit ihrer Schwester nach Venedig reiste und dort in der *Trattoria Sempione* speiste, über die man schon im Internet (➤ *Drahthuhn*) erfährt: »Reservierungen empfahlen sich, weil du deine Tabelle hier ergreifen kannst, nur wenn sehr glücklich.« Hier, in der *Trattoria Sempione*, gibt es nun eben frischen Fisch und dazu diesen Satz: »Außer Zahl der köstlichen lokalen Teller, bietet trattoria frische Fischtageszeitung an.«

FÖTENGRUPPE

Herr H. aus Kissing schickte mir einen kleinen Artikel aus der *Friedberger Allgemeinen*, eine Meldung, in der im Dezember 2006 über den offenbar traditionellen Lichterzug der dortigen CSU berichtet wurde, der sich vom Marxenwirt zur Burgstallkapelle bewegte. Dort gab es eine Andacht, bei der unter anderem »eine nachdenkliche und besinnliche Geschichte« vorgetragen wurde. Dann hieß es in der *Friedberger Allgemeinen* weiter: »Die Fötengruppe intonierte zwischendurch immer wieder weihnachtliche Weisen.«

Man liest das nicht ohne Stutzen. »Die Fötengruppe«. Eine Unterorganisation der Jungen Union Kissing? Oder »ein Fall für den Ethikrat«, wie Herr H. anmerkte?

Natürlich wird dem Leser schnell klar, dass es sich hier um die »Flötengruppe« handelt. Aber da das Wort »Fötengruppe« nun einmal in der Welt ist: Was wird man damit machen können? Ein neues Wort an Stelle des unschönen »Geburtsvorbereitungskurs«? (Eines jener überlangen Deutschwörter, die Mark Twain als »Umzüge sämtlicher Buchstaben des Alphabets« bezeichnete.) Eine Vorstufe der »Krabbelgruppe«? Eine Vereinigung jener vielen, die angesichts des skandalösen Zustands unseres Kindergartenwesens ihre Kleinen bereits vor der Geburt bei den örtlichen Krippen anmelden müssen?

FÜNGZINIEREN

Im Internet stieß ich per Zufall auf die Seite *funfire.de*. Dort werden allerhand mehr oder weniger lustige Fotos aus allen Lebensbereichen veröffentlicht, eines fand ich richtig gut, das war das Bild eines handgeschriebenen Zettels über einer Klingelanlage. Da stand: »Sprechanlager füngziniert Wieder Dacher Bitten wir Sie das sie die tür Schlissen mit Freundliche Grüßen wir Bitten für um ihren verstednis.«
Am schönsten daran fand ich die Wörter »Sprechanlager« und »füngziniert«. Ersteres, weil es sich ja beim Wortstoffhof zweifellos um eine Art Sprechanlager handelt, denn hier wird Sprache bzw. Spreche gelagert bzw. angelagert. Und das Zweite: »Füngzinieren« ist das Wort, das einem einfällt, wenn man die vielen in unglaublichste Varianten des Deutschen übertragenen Gebrauchsanweisungen liest, von denen mir Frau A. aus Pullach eine schickte, die das Dreirad ihres kleinen Sohnes betrifft. Die ersten beiden Arbeitsschritte lauten: »Aufreihen ›Webstuhl 1‹ mit ›Webstuhl 2‹. Das Detail einstecken -F- zwischen die zwei Webstühle. Die Weinrebe einstecken -D- ins besondere -C- und ihn dem ›Webstuhl 1‹. Die Weinrebe schließen -D-, drückend, mit es bricht den Würfel auf -A-. Die Webstühle befestigen, mit auch den Weinreben -E- und die Scheiben -B-.«
Das kann nicht funktionieren. Aber füngziniert sicher.
Hier im Sprechanlager habe ich viele solcher Texte, die in seltsamem Knitterdeutsch verfasst sind (➤ *Voder- und Hinternetz*), wobei ich vom Knittern eines Textes erst reden kann,

seit Herr L. aus München das entsprechende Wort zur Verfügung stellte. L. schreibt, er arbeite zusammen mit einem polnischen Kollegen am Test einer Übersetzungssoftware, leider nicht mit ermutigenden Ergebnissen. Die Software füngziniert, funktioniert aber nicht. Folgende Mitteilung kam bei L. an: »Grüßen Sie Juergen Polieren Sie zu translationing mit Roboter Text: Leider knittert welcher Text nachgeschickt, ist ganz unverständlich.«

FUSSKE

Eines Tages im Buchladen, das war im Sommer 2006, zu Zeiten der Fußballweltmeisterschaft. Der Tisch mit den vielen Fußballbüchern, die zur WM erschienen waren. Mittendrin: *Die Angst des Tormanns beim Elfmeter*. Von Peter Handke.

Dazu jetzt mal, ganz im Ernst, in großer Ruhe und zum letzten Mal, zum Mitschreiben (auch für Buchhändler): *Die Angst des Tormanns beim Elfmeter* ist kein Fußballbuch! Es wird auch nie eines werden. Ich will es nie wieder auf einem Fußballbuchtisch sehen! Es hat mit Fußball nichts zu tun, außer dass die Hauptfigur ein ehemaliger Tormann ist und am Schluss eine Elfmeterszene geschildert wird, bei welcher der Tormann sich nicht bewegt und der Schütze ihm direkt in die Hände schießt. Auch das hat mit Fußball wenig zu tun. So was ist auf einem Fußballfeld praktisch nie vorgekommen.

Handkes Problem (oder sollte ich sagen: eines von Handkes Problemen?) ist, dass alle möglichen Quatschköpfe seine Buchtitel kennen, aber nie mehr als diese. *Publikumsbeschimpfung. Der kurze Brief zum langen Abschied. Die linkshändige Frau. Die Unvernünftigen sterben aus.* Diese Sachen.

Und noch etwas: Ich möchte auch nie wieder hören, dass ein Mensch, der *Die Angst des Tormanns beim Elfmeter* nie gelesen hat, sagt, eine Angst des Tormanns beim Elfmeter gebe es nicht, der Buchtitel sei fußballfremd, denn der Tormann sei derjenige, welcher beim Elfmeter keine Angst haben müsse. Der Schütze hingegen müsse sich fürchten, jeder erwarte von ihm ein Tor, vom Tormann hingegen erwarte niemand etwas.

Das ist zwar richtig, aber es hat mit Handke nichts zu tun, denn, wie gesagt, sein Buch ist kein Fußballbuch, und jeder, der es gelesen hat, weiß, dass Handke von Fußball vermutlich so wenig Ahnung hat wie Fußballer von Handke und wie Handballer von Fußke.

GÄSTEGEFRIERSCHRANK

Wer in Urlaub reisen will, stöbert sich durch Hotel- und Pensionsprospekte sowie Entsprechendes im Internet (→ *Aufstellungsort des Seins, Betäubunglärm, Wüstensockel*) und stößt dort, wie Leserin H., auf das Angebot eines »Gästekühlschranks«, ja sogar eines »Gästegefrierschranks« in einem Haus in den Alpen. H. musste dabei an hausgroße Kühlschränke denken, in denen »diejenigen lagern, die eine Frischzellenkur gebucht haben, während der Rest quasi als ewige Stammgäste im Gefrierschrank ruht«. Wobei ich noch gruseliger das Angebot eines »Gästegrills« fand, zum Beispiel bei Ferienhäusern in Barförde/Niedersachsen oder einem anderen in Pötenitz an der Ostsee, wo es heißt, dass man für einen Grillabend gerne eben jenen Gästegrill zur Verfügung stelle.

Das Grillgut muss man wohl selbst mitbringen. Oder findet man es im Gästekühlschrank?

Eher wie ein Wellness-Angebot klingt dagegen das Vorhandensein einer »Gästewaschmaschine« etwa in einer fränkischen Pension sowie eines »Gästetrockners« in einem Hotel in Groß-Wittensee/Schleswig-Holstein.

GETRÄUSE

Jeder weiß, dass Kinder zu Beginn der Sprachbildung vieles reden, das niemand versteht. Aber eine Mail von Frau H. aus dem Norden Deutschlands zeigt, das hier auch sehr Nützliches für den Wortstoffhändler entsteht. Denn Lasse, der Sohn von Herrn und Frau H., erfindet gerne Wörter für Dinge, die bisher keinen Namen hatten. »Eine ›Tenu‹«, schreibt H., »ist z. B. ein kleines Holzstück, das von der Form her aussieht wie ein kleines Buch, aber nicht aufgeblättert werden kann. Bei ›Geträuse‹ handelt es sich um die Milch-Luftblasen, die sich beim Trinken der all-abendlichen Flasche warme Milch (mit Silikonsauger) bilden und als Rest in der Flasche verbleiben.« Wer kleine Kinder hat, kennt das Phänomen – nun haben wir endlich ein Wort dafür.

Ein anderes sehr schönes Kinderwort sandte Frau C. aus Köln: »Das kleine Bügelbrett, sog. Ärmelbrett, hieß für mich als Kleinkind ganz klar ›Ärmobrett‹ – ich war der Überzeugung, ein genialer Herr Ärmo (vermutlich aus dem finnisch-ugrischen Sprachraum) habe es erfunden.«

Ärmobrett – das ist so schön wie »plüdern«, ein Wort, das Frau H. mir in einer Mail zuschickte, obwohl sie es »fast zu schade« für den Wortstoffhof fand. Sie selbst hat den Begriff von ihrer kleinen Tochter, die eines Abends mit ihrer Freundin im Bett lag, beider Köpfe waren auf große Kissen gebettet, ein Idyll, »wenn nicht meine Tochter das Kissen der Freundin hätte haben wollen – warum?« Es sei so plüdern, sagte die Tochter, und in der Tat, es war anders als das andere, schreibt Frau H., »weicher? Bauschiger? Pludriger? Nein, einfach plüderner.«

Franziska, die kleine Tochter von Leserin L., unternahm sogar einst den Versuch, die Buchstaben des Alphabets umzubenennen. Sie besaß ein Puzzle aus großen bunten Moosgummibuchstaben und nannte zum Beispiel ein großes, quietschlilafarbenes Y immer nur »das Banzigalub«. Wobei Frau L. schreibt, sie tue sich schwer, eine Schriftform für diesen Ausdruck zu finden, gesprochen klinge es etwa »ban-zi-'ga-lubb«, mit Betonung der dritten Silbe, langem ga und kurzem lubb.

Duden-Redaktion, liest Du mit?

GEWINCKT

Einmal habe ich in einem Text das Partizip *gewunken* verwendet beziehungsweise verwandt. »Jeder von uns würde, wenn ihn der Kellner im Café wieder nicht beachtet, obwohl man ihm schon dreimal mit Gesten aller Art *gewunken* hat...«, so hatte ich geschrieben.

Dazu teilte mir Frau W. aus Berlin mit, ich hätte dieses *gewunken* »offenbar unbedacht« gebraucht, es klinge »hässlich« und passe »wenig« in »Ihre sonst sprachlich so genauen und mit Genuss zu lesenden Texte«.

Wie wahr! Ich hatte tatsächlich geglaubt, das Partizip von *winken* laute *gewunken*, dabei heißt es doch *gewinkt*, schreiben jedenfalls Frau W. und der Duden, dieser sogar mit der ausdrücklichen Anmerkung »nicht korrekt: gewunken«.

Nun ja, nicht korrekt. Aber hässlich? Das ist eine Geschmacksfrage, und ich persönlich finde »gewunken« um einiges schöner als »gewinkt«, das (nichts für ungut, Frau W.!) ein bisschen kindisch klingt, wie wenn ein Knabe, der mit dem Sprechen gerade erst begonnen hat, sagt, er habe etwas »geschreibt«.

Die Sache hat mir keine Ruhe mehr gelassen. Schon in Nestroys Posse *Einen Jux will er sich machen* geht es ja dem Handlungsgehilfen Weinberl nicht anders als mir, er sagt: »Wie oft hab' gelesen in die Bücher: ›Er befand sich, ohne zu wissen wie, in einem engen, abgelegenen Gäßchen, plötzlich gewahrt er an der Ecke einen Mann in einem Mantel, ihm war's, als ob er ihm *gewunken* – an der andern Ecke sieht er auch einen Mann, ihm deucht', als hätt' er ihm *gewinkt,* unentschlossen steht er da, er weiß nicht, soll er dem folgen, der ihm *gewinkt,* oder dem, der ihm *gewunken* – da öffnen sich plötzlich die Fenster -‹«

Ja, nun, ich vertiefte mich aus diesem Anlass in die Geschichte des Verbums »winken« und lernte erst einmal etwas über das ewige Ringen zwischen starken und schwachen Verben, das mir – wie den meisten am Grammatischen nicht übermäßig interessierten Menschen – nicht mehr so präsent war, wie es sein sollte.

Also, bitte: Starke (oder unregelmäßige) Verben sind »trinken, trank, getrunken« oder »sinken, sank, gesunken«. Schwach (oder regelmäßig) nennen wir die Tuwörter »blinken, blinkte, geblinkt« oder »hinken, hinkte, gehinkt«. Aber im Laufe der Geschichte wandeln sich immer mehr starke in schwache Verben, die schwachen verdrängen die starken, eigentlich sind am Ende die schwachen die stärkeren Verben, ein verkehrter Darwinismus. Warum? Weil Sprachen eine Tendenz zur Vereinfachung haben, und es ist nun mal einfacher »schminken, schminkte, geschminkt« zu konjugieren als »schminken, schmank, geschmunken«.

Was aber nun unser liebes »winken« angeht, so war es – meinem Grimmschen Wörterbuch zufolge – anfangs sogar ein schwaches Verb, das aber die Menschen bereits im Mittelhochdeutschen und auch später immer wieder versuchten, stark zu konjugieren, vor allem in der Umgangssprache und den Dialekten, auch im Imperfekt natürlich. »Da *wank* er den dienern«, heißt es in einer Quelle noch im 19. Jahrhundert, und zweihundert Jahre vorher schrieb einer: »Als er denn *wangk,* sie solten zu ime reitten.« Bei Luther heißt es über den Papst: »Wenn er nur mit einem finger *gewinckt* hat, so haben sich für ihm keiser, könig, fürsten etc. müssen förchten, demütigen und bucken.« Ludwig Uhland aber schrieb viel später noch von den »lichtgestalten, die uns *ge-wunken*«.

So ging das im Laufe der Jahrhunderte immer hin und her mit dem »winken«, mal zogen sie hier, mal zogen sie da, bis »gewunken« schließlich doch wieder ins Umgangssprach-liche herabsank – so schreibt man nicht, so redet man bloß. Freilich ist ja noch die Frage, ob unsereiner sich irgendwas verbieten lässt, und sei es vom Duden. Und ob wir einfach so mit ansehen wollen, wie die langweiligen, immer glei-chen Schwachverben unsere schönen starkdeutschen For-men fressen. Wenn man sich mit der Sache ein wenig be-fasst hat, möchte man am liebsten sogleich eine Gesellschaft zur Stärkung der Verben gründen, muss aber dann entde-cken, dass es eine solche längst gibt, im Internet zu finden unter *www.soviseau.de/verben*. Hier kämpfen verständige Menschen gegen die Versimpelung so schöner schwacher Wörter wie bersten (barst!, geborsten!) oder glimmen (glomm!, geglommen!). Sie treten für das Unregelmäßige und gegen die Regelmäßigkeit ein. Sie sind auch dafür, dass man längst geschwächte Verben stärkt, dass man sich also für »blühen« ebenso neue Vergangenheitsformen ausdenkt (bloh, geblohen) wie für »decken« (dak, gedocken) und »knipsen« (knops, geknopsen).

GRIAGN SIE'S SCHO?

Ich stehe vor einem Verkaufstresen im Elektrokaufhaus. In meiner Nähe steht ein Herr, der sich mit einer Dame auf Englisch unterhält. Dann geht die Dame, und der Herr steht etwas unschlüssig vor dem Verkaufstresen herum.

Hinter dem Tresen erscheint nun ein junger, sehr großer und unglaublich dicker, pickliger Mann in einem verwaschenen T-Shirt. Er wischt mit der Hand über die Tresenplatte, dann sortiert er mit fahriger Gebärde ein paar Schachteln, darauf wendet er sich dem Herrn zu, der gerade noch englisch gesprochen hat und nun einige Kartons mit Elektrogeräten neben dem Tresen betrachtet. Und fragt ihn: »Griag'n Sie's scho?« (Was auf Hochdeutsch ungefähr heißt: »Bekommen Sie bereits?« Oder: »Werden Sie schon bedient?«)

Der Herr reagiert überhaupt nicht und schaut weiter die Kartons an.

Der T-Shirt-Träger sagt noch einmal und nun mit lauterer Stimme: »Griag'n Sie's scho?«

Wieder reagiert der Angesprochene in keiner Weise.

Ich sage zum Mann hinter dem Tresen: »Sie, ich glaube, der Herr ist Engländer, er versteht kein Deutsch, nur Englisch, Sie müssen englisch mit ihm reden.«

Hierauf nun sagt der Elektrokaufhaus-Angestellte in Richtung des Herrn: »What do you become?«

Erneut: keine Reaktion.

An diesem Punkt resigniert unser Mann in seinen Bemühungen um den Kunden mit den Worten: »Wenn er koa

Deitsch und koa Englisch net red't, na ko i eam a net hejfa.«
(Also: Wenn er weder deutsch noch englisch spricht, dann
kann ich ihm auch nicht helfen.)

GROSCHEN

Frau B. schrieb per E-Mail, sie habe sich jahrelang über den auf alle Parkscheine gedruckten Satz gewundert: »Von außen gut sichtbar an der Windschutzscheibe anbringen!« Immer sei sie gleichzeitig ein wenig stolz auf sich selbst gewesen, sich einer so unsinnigen Anordnung zu widersetzen – und habe den Parkschein Mal für Mal *innen* an der Windschutzscheibe angebracht, »bis irgendwann vor zwei Jahren auf dem Parkplatz der Groschen fiel, einfach so«. Ist es nicht seltsam, mit dem Groschen? Dass er tatsächlich fast immer irgendwann fällt. Dass er dann aber wirklich *einfach so* fällt, ohne einen Stups? (Was geht da in unseren Hirnen vor, verdammt!, wenn das passiert?) Und dass Tag für Tag immer noch Groschen fallen, obwohl es sie eigentlich gar nicht mehr gibt, die Groschen?

GUTERES

Vor ein paar Jahren stand mal in der *Frankfurter Allgemeinen* die Schlagzeile: »Merkel soll ostdeutscher werden.«
Ein Weilchen grübelte man, ob die Redakteure sich vertippt hatten, und es sollte heißen: »Merkel soll Ostdeutscher werden.« Das wäre die Forderung nach einer Geschlechtsumwandlung gewesen, um in letzter Minute (wir standen damals vor der Wahl) die Herrschaft einer Frau in Deutschland zu verhindern. Ein Fall für die Ethik-Kommission!
Wenn es aber so gemeint war, wie es da stand, fragt man sich: Was ist deutsch? Erst mal so was wie eine Ortsbezeichnung, was? Tucholsky hat sich ja darüber aufgeregt, dass zu seiner Zeit »deutsch« eine Art Qualitätsbezeichnung sein sollte: Deutscher Mann war guter Mann. »Der Ursprungsort, der in den meisten Fällen selbstverständlich ist«, schrieb er, »wird in eine positive Bewertung umgelogen, und das ganze Land kriegt mit der Zeit den Größenwahn.«
So war's dann auch.
Und nun »ostdeutsch«. Bisschen faul wie Ullrich, bisschen zauselig wie Thierse, bisschen schulz wie Schulz? Bisschen revolutionär oder eher so'n Duckmäusertum? Man muss doch wissen, was man steigern will. Ostdeutscher, am ostdeutschesten – ein bisschen klingt es letzten Endes wie: »Allgemeine soll Frankfurter werden.«
Das kann keiner wollen.
Jedenfalls werden in Deutschland jeden Tag Komparative und Superlative von Wörtern gebildet, bei denen das nicht geht. Man liest zum Beispiel, das war im *Tagesspiegel*, der

Gazastreifen sei »das dichtbevölkertste Gebiet der Welt«, dabei ist er nur am dichtesten bevölkert. Und Heiner Geißler hat über Angela Merkels Kleidung mal gesagt, »am besten« stehe ihr das klassische Kostüm, »noch besser« aber der Hosenanzug.

Damit wäre sie dann, möchte man hinzufügen, noch gutaussehender.

Moral, zum Ersten: »Deutsch« ist in erster Linie eine Sprache, die von den Menschen in Deutschland gesprochen wird.

Moral, zum Zweiten: Das Gutere ist der Feind des Guten.

HALIXEN

Einmal las ich, im *Tagesspiegel*, ein Interview mit dem berühmten Hirnforscher Manfred Spitzer. Er sagte unter anderem, es gefalle ihm nicht, dass in unseren Schulen die Dinge nur abstrakt behandelt und Regeln immer gleich als Regeln gepaukt würden. Für ihn, den Hirnforscher, bedeute Lernen, sich die Regeln selbst anhand von Beispielen zu erarbeiten. Wer sich immer wieder mit Konkretem befasse, dessen Hirn lerne die dahinter stehenden Regeln automatisch, unbewusst, »in der Grammatik unserer Muttersprache« etwa.

»Ein Beispiel?«, fragten die Interviewer.

Der Hirnforscher sagte: »Meine Lieblingsregel der deutschen Grammatik lautet: Verben auf ›-ieren‹ bilden das Partizip ohne ›ge-‹: interessieren – interessiert; spazieren – spaziert. Das machen Sie richtig, ohne nachzudenken.«

Da fiel mir Sophie ein, deren Hirn sich gerade ausgiebig mit Partizipbildung beschäftigt und dabei zu interessanten Ergebnissen kommt.

Sophie steht zum Beispiel oben an der Treppe, während ich unten warte, und sagt: »Warte, bis ich da runtergegeht habe.« Wenn sie unten angekommen ist, sagt sie: »Ich bin da runter gegehn.« Wenn sie nicht runter gegangen ist, sagt sie: »Ich habe oben gebleiben.«

Wenn Sophie gegessen hat, sagt sie, sie habe geesst. Oder geisst. Oder geessen. Wenn eine Mücke sie gestochen hat, sagt sie, die Mücke habe sie gestichen. Wenn sie etwas geholt hat, sagte sie, sie habe es geholen.

Am schönsten ist das Partizip, das sie zu *heiraten* bildet. Heigeratet.

Ich muss an meinen Grammatikunterricht in der Schule denken, der mich so langgeweilt hat, dass ich noch heute beim Gedanken daran sterben könnte. Wenn ich Grammatik unterrichten müsste, würde ich die Schüler bitten, möglichst viele schöne möglichst falsche Partizipien zu bilden. Das ist mein Ansatz: Schönheit geht vor Richtigkeit, Sprachspaß vor *correctness*. Ich bin aber sehr froh, dass ich nicht Grammatik unterrichten muss.

Der Hirnforscher sagte, er könne den Interviewern sofort beweisen, dass auch deren Unterbewusstsein die Regel mit den Partizipien auf »-ieren« beherrsche. Er forderte sie auf, das Partizip von »quangen« zu bilden.

»Gequangt«, sagten die Interviewer.

»Und von ›patieren‹?«, fragte der Hirnforscher.

»Patiert.«

»Sehen Sie!«, sagte der Hirnforscher, so gehe das. »Sie können Wörter beugen, die es nicht mal gibt.« Das Gehirn habe eben nicht alle je gehörten Wörter gespeichert und abrufbar gehalten, sondern selbst eine Regel gebildet, die es bei Bedarf richtig anwende.

Quangen, dachte ich. Patieren. Sehr schön. Ob es diese Wörter nicht gibt, ist noch die Frage. Sie stehen ja da, auf dem Papier. Und etwas, das dasteht, das gibt es auch. Die Wörter haben vielleicht keine Bedeutung, aber Wörter sind sie trotzdem. Möglich, dass sie eines Tages eine Bedeutung bekommen. Jeden Tag entstehen ja neue Bedeutungen, dafür braucht man Wörter. Quangen und patieren stehen bereit.

Und es gibt Wörter, deren Bedeutung man nie kennenlernt, obschon sie zweifelsohne eine haben *müssen*. In vielen

Jahren der Fernsehserie *Derrick* habe ich nie verstanden, was ein *Wagenharry* ist. Immer wieder ordnete Derrick an, »schon mal den Wagenharry« zu holen. Aber nie sah ich ihn. Dabei muss es ihn doch geben. Oder jedenfalls gegebt haben.

Die Sophie hat neulich das Wort *halixen* erwähnt. Oder *halicksen*? Oder *Halicksen*? Das hat sie nicht gesagt. Sie hat auch nicht gesagt, was das Wort bedeutet, ob es ein Substantiv oder ein Verb ist, dessen Partizip *hagelixt* oder *gehalickst* lauten könnte. Sie hat gekichert und gesagt, das sei ein Geheimnis. Da müsse noch viel sprachgeforscht werden, um es herauszubekommen. (Na gut, das hat sie nicht gesagt, das war ich jetzt.)

Über Plurale müssten wir auch mal reden. Ein Mann, zwei Manne, sagt Sophie. Und dann aber, seltsam: ein Tengelmann, zwei Tengelsmann.

HARTLEIBIG

In der Zeitung stand, die SPD-Politikerin Andrea Nahles habe der CDU versprochen, dass die SPD »hartleibig weiter für den Mindestlohn« kämpfen werde. Ja, nun, dachte ich, die Kämpfe der Hartleibigen kennt ja fast jeder aus eigener Erfahrung, ihr Stöhnen und Pressen dringt oft durch verschlossenste Türen. Aber war es je ein Kampf für den Mindestlohn? Was bedeutet es, jemand anders hartleibigen Kampf zu versprechen? Dass man sich nicht bewegen wird? Aber Bewegungsarmut ist doch erst die Voraussetzung für Hartleibigkeit, nicht ihre Folge.

Jedenfalls dachte ich angesichts einer so kargen, ballaststoffarmen Sprache zurück an jene goldenen Jahre, in denen die SPD auch sprachlich von Franz Müntefering repräsentiert wurde, der einst als SPD-Vorsitzender ausgerechnet von Frau Nahles gestürzt wurde, wenn auch vielleicht eher ungewollt. Nie wird mir jener Satz aus dem Kopf gehen, den Müntefering nach einer Landtagswahl 1999 an Rhein und Ruhr (sie war für die Sozialdemokraten nicht ganz schlecht ausgegangen) sprach: »Die schwarzen Bäume wachsen nicht in den Himmel, die rote Sonne ist noch da.«

Welch poetische Kraft, welch bilderreiche Verrätselung lag in diesem Satz! Manches gemahnte an Trakl (»in roter Sonne verbrannte ein Baum; aufflattern mit dunklen Gesichtern die Fledermäuse«), anderes an Peter Huchels *Krähenwinter*:

> » Schwarzes Laub, das flatternd schreit,
> säumen sie die Dunkelheit.«

Gleichzeitig aber kam einem Rudi Schuricke in den Sinn: »Wenn bei Capri die rote Sonne im Meer versinkt.«

In jedem Fall: Hier war ein Mann, der – damals noch nicht mal Generalsekretär – sich schon auf der Höhe seiner Sprachmacht befand, in unnachahmliche Weise Expressionistisches mit Volkstümlichem verknüpfend, ein großer Formulierer, der einen dritten Weg zwischen der Sprache der Hartleibigkeit und dem Sprechdurchfall vieler Politiker gefunden hatte.

Und er fand seine Schüler, Männer wie Harald Schartau zum Beispiel, jahrelang Chef der SPD in Nordrhein-Westfalen. Schartau sagte einmal nach für seine Partei miserablen Wahlergebnissen in Niedersachsen und Hessen, was die Sozialdemokraten nun tun müssten: »Eier dürfen nur noch gezeigt werden, wenn sie gelegt sind, und nicht, wenn man noch dabei ist, sie auszubrüten.«

Tag für Tag habe ich damals versucht, diese Worte zu kapieren; es gelang mir nicht. Dann wollte ich den Satz vergessen – unmöglich. Er ließ mich nicht los.

Was, um Himmels willen, sollte die SPD tun?

»Eier dürfen nur noch …«

Alle wissen, dass Eier zuerst gelegt, dann (nicht in jedem Fall!) ausgebrütet werden. Schartau formulierte aber, als wäre es umgekehrt. Konnte es sein, dass Schartau etwas nicht wusste? Oder wie wäre es gewesen, er wollte sagen, das Heil der Partei liege in einer radikalen Agrarreform, der Schaffung neuer Hühner, die erst brüten, dann legen? Hmmmm. Es ist ja der Mensch, der Eier im eigenen Leib, wenn man so will, ausbrütet. Dann erst Nachkommen zur Welt bringt und der Welt »zeigt«. Schartau meinte, dachte ich eine Weile: Lasst uns menschlicher werden, eine humane Partei! Lasst uns kein Hühnerhaufen sein!

Dann fiel mir ein: Was der Mensch zeigt, ist ja kein Ei mehr. Es ist ein fertiges Lebewesen. Und das menschliche Ei selbst kann nicht gezeigt werden – es befindet sich im Mutterleib. Der Satz wäre unlogisch, dachte ich, aber solche Unlogik würde sich doch kein führender SPD-Politiker je erlauben. Was aber wollte jener Schartau dann sagen?

Natürlich war der Begriff »Ei« metaphorisch zu sehen: Er deutete auf die ungeheure Fruchtbarkeit der SPD hin, ihren Reichtum an Ideen, ihre in Jahrhunderten gewachsene, geradezu hybride politische Legeleistung. Ei heißt Reform, Idee. Doch es bleibt: Erst wird gelegt, dann gebrütet.

Es gibt eine Fabel von La Fontaine, in der ein Huhn täglich ein goldenes Ei legt. Der Besitzer jedoch ist gierig. Meint, in seinem Huhn stecke ein Schatz. Erwürgt das Tier, öffnet dessen Leib und zerstört damit seinen Reichtum. Könnte es sein, dachte ich, dass Schartau sich auf diese Geschichte bezog? Dass er mit »ausbrüten« die Zeit meinte, in der das Ei noch im Huhn steckt, ein Versehen in der Hektik des damaligen Wahlabends?

Was würde das bedeuten?

Lasst uns nicht unsere gute alte Partei schlachten, in der viele goldene Eier stecken? Oder gar, weiter gefasst: Wir müssen sorgsamer mit dem Staat umgehen, der uns reich machte? Und was bedeutet der unausgesprochene Bezug auf La Fontaine für das Verhältnis zu jenem Lafontaine, der auch dies und jenes ausbrütete?

Ja, das war eine Zeit, in der Politiker so subtil, andeutungsreich, bildvoll-verrätselt zu uns sprachen!

Müntefering war ja übrigens seinerzeit auch der Erste, der erkannte, welch verheerende Wirkung von den Hartz-Reformen einfach deshalb ausging, weil sie »Hartz-Reformen« hießen, so »lautmalerisch hart«, wie dann auch Bela Anda, der Regierungssprecher, einsah. Man stelle sich vor, die Sache wäre nicht nach Peter Hartz, sondern nach Rudi Völler oder dem damals äußerst beliebten Fußball-Nationalspieler Robert Huth (»Huuuuth«, raunte das Publikum, wenn er den Ball bekam) benannt worden, die »Rudi-Projekte« oder »Huuuuth IV«, vielleicht hätte Schröder gar nicht nach dem Vertrauen fragen müssen. Vielleicht hätte er lange weiterregieren können?

Als es aber dann zu Ende ging mit ihm und seiner Regierung, da spürte man das zuallererst an Franz Müntefering und seiner Rede. Die SPD befürwortete zum Beispiel in ihrem Wahlmanifest eine Sondersteuer für Reiche, drei Prozent extra, zusätzlich zum Spitzensteuersatz.

Was sagte Müntefering?

»Es ist ein Balkon, der obendrauf gesetzt wird.«

Balkon? Obendrauf? Wer sollte das verstehen?

Dabei ging es um eine einfache und gute Sache, bei der drei Prozent auch nur ein Anfang hätten sein können. Wenn nämlich jene 12.400 Bundesbürger, die ein Durchschnittseinkommen von 2,7 Millionen Euro verdienen, im Jahr nicht bloß pro Nase 1,1 Millionen Einkommenssteuer zahlen müssten, sondern einfach *alles, alles, alles* abzugeben hätten, kämen – so habe ich errechnet – jedes Jahr ungefähr 20 Milliarden Euro zusätzlich in die Staatskasse. Das war zum Beispiel beinahe die im Haushalt 2006 eingeplante Neuverschuldung. Der Staat wäre auf dem Weg zur Sanierung gewesen. Und den Millionären würde doch dieses Abgeben nichts ausmachen. Sie haben bestimmt was zurückgelegt, das kann man von Millionären mit Fug und Recht erwarten.

Diese Politik hätte man nur schön erklären müssen, damals. Haben nicht seit eh und je vom Volk verehrte Männer Geld für die Armen bei denen geholt, die es hatten? Wo denn auch sonst? Müntefering hätte von der Robin-Hood-Steuer sprechen müssen, dem Zorro-Projekt, einer Politik mit Mantel und Degen. Der Kanzler hätte mit Federhütchen sowie Pfeil und Bogen vor den Anwesen der Aldi-Brüder auftauchen können, denn allein die Enteignung von Karl und Theo Albrecht hätte ja anderthalb Jahre Neuverschuldung erübrigt. Schröder hätte Jahrzehnte regieren können. Stattdessen: Balkon! Obendrauf!

Es war ja kein Wunder.

Aber es waren doch schöne Jahre mit all den roten Sonnen und den ungezeigten Eiern. Nicht klagen, dass sie vorbei sind! Sich freuen, dass man sie erleben durfte!

Heute, ach: das Ächzen der Hartleibigen.

HIWÄWÄWÜ

Schon die Erwähnung des Wortes »Kuckuck« ruft in mir viele Kindheitserinnerungen wach, von den Spaziergängen, bei denen die Mutter plötzlich reglos verharrte und »Hörst du den Kuckuck?« flüsterte, hin zu den Besuchen in der Lotto-Annahmestelle unseres Dorfes, in der zu meiner größten Freude eine Kuckucksuhr hinterm Ladentresen hing.

Ja, der Kuckuck macht »Kuckuck«, das weiß jedes Kind. Und doch, und doch…

In Wahrheit hat der Kuckuck mehr zu bieten, schon weil er eben gar nicht einfach »Kuckuck« ruft. Alfred Brehm behauptete von sich, er könne jeden schreienden Kuckuck durch Nachahmung von dessen Stimme herbeirufen; aber niemals würde einer kommen, wenn er bloß »Kuckuck« riefe. Wer einen Kuckuck locken wolle, müsse »U-u« rufen, wobei das erste, im Laut etwas höhere »U« kurz und scharf auszustoßen sei, das zweite dann gedehnter, was letztlich etwa zu »Gu-guh« führe. Zwar gebe es Leute, so Brehm, die behaupteten, den Kuckucksruf auf einer Blockflöte »durch *fis* und *d* der mittleren Oktave« täuschend echt nachahmen zu können; er jedoch glaube dies nicht, zu sehr unterscheide sich die Klangfarbe der Flöte von jener der Kuckucksstimme.

Keineswegs ruft aber der Kuckuck nun immer nur »Guguh«. Werde er zum Beispiel, so Brehm, durch einen Nebenbuhler erregt, verdoppele er den ersten Laut; der ganze Ruf klinge dann wie »Gugúgu«. Komme ein Weibchen in Sicht, so wiederhole der Kuckucksmann den dreisilbigen

Ruf zwei oder vier Mal und füge »ihm dann fast immer heisere Laute bei, die man durch ›quawawa‹ oder ›hachachac‹ übertragen hat, in Wirklichkeit aber weder wiedergeben noch nachahmen kann«. Werde er durch kleinere Vögel geneckt, vernehme man noch ein heiseres, wie »särrr« klingendes Zischen.

Aber nun weiter: *Warum* ruft der Kuckuck »Gu-guh«? Er wolle damit, schreibt Brehm, ein Weibchen anlocken. Dieses aber antworte dem Manne nicht mit »Gu-guh«, sondern »indem es einen eigentümlich kichernden Ruf zu hören gibt«, der aus den sehr rasch aufeinander folgenden Lauten »jikikickick« oder »quickwickwick« bestehe, »die einem harten Triller ähneln und durch ein nur in der Nähe hörbares, sehr leises Knarren eingeleitet werden«. Das Männchen verlasse, dies vernehmend, augenblicklich seinen Sitz, rufe »Gugu, gugugu gugugu«, was im Zustand der höchsten Erregung dann zu »Gugu, gugugu gugugu, gugu, gugugu gugugu« verdoppelt sowie mit einem »Quawawawa« ergänzt werde.

Ich denke, es ist von Menschen, die dem Kuckuck so viele Erinnerungen verdanken, nicht zu viel verlangt, wenn sie sich diese Kuckuckslaute einprägen, um die bei uns lebenden Kuckucke besser verstehen zu können, die *noch* bei uns lebenden Kuckucke, möchte ich hinzufügen, denn die Bedrohung des K. durch Monokulturen, Straßenbau, Klimawandel ist groß. Letzterer bringt es mit sich, dass es dem Kuckuck immer schwerer fällt, Nester zu finden, in denen andere Vögel seine Brut aufziehen. Während nämlich der Kuckuck ein Langstreckenzugvogel ist und daher relativ spät nach Deutschland zurückkehrt, kommen seine oft weniger weit entfernt überwinternden Wirtsvögel früher heim. Folge: Ihre Kinder sind schon herangewachsen, wenn der Kuckuck gerade Eier legen will. Er findet keine Nester mehr für die Kuckuckskinder.

Wir merken uns also für Übungen im Familienkreis: Der Vater ruft zunächst wiederholt »Gu-guh«, laut Brehm »in fünf Sekunden viermal, selten aber öfter als 20- bis 30-mal unmittelbar nacheinander«. Die Kinder, welche die Rollen von kleineren Vögeln oder Nebenbuhlern übernehmen könnten, stören ihn dabei, vielleicht mit »Zizidä, zizidä« oder »Kraaak, kraaak«. Der Vater antwortet mit »Gugúgu, gugúgu, gugúgu, gugúgu – särrr« beziehungsweise »Gugúgu, gugúgu, gugúgu, gugúgu – hachachac«. Nun tritt die Mutter mit einem leisen Knarren, dann mit »Jikikickick« akustisch auf den Plan, worauf sich die Kinder zurückziehen, der Vater zunächst mit »Gugu, gugugu gugugu« reagiert, dann mit »Gugu, gugugu gugugu, gugu, gugugu, gugugu – quawawawa«.

*

Ich habe übrigens nach dieser eingehenden Befassung mit dem Kuckuck einige Tage damit verbracht, die beiden Bände über Vögel aus Alfred Brehms *Tierleben* zu studieren. Brehm hat, wie beim Kuckuck, auch bei allen anderen unserer Gefiederten unglaubliche Mühe darauf verwendet, deren Stimmen zu verschriftlichen, in Khartum etwa, wo er, unter einem Baum liegend, die Unterhaltung einiger Alektowebervögel protokollierte:

Erster Alektowebervogel: »Ti ti terr terr terr zerr zäh.«
Zweiter Alektowebervogel: »Gai gai zäh.«
Dritter Alektowebervogel: »Guik guik guk guk zäh.«
Vierter Alektowebervogel: »Güh gü gü gü gäh.«
Natürlich ist in den dürren Zeilen nichts von der Musik ei-

ner Vogelunterhaltung. Aber liegt nicht darin der Reiz? Dass der Vogelsprache, indem man sie aufschreibt, eine Dimension verliehen wird, die dem Vogel selbst unbekannt ist? Welcher Vogel kann schreiben? Das Libretto seiner eigenen Opern lesen? Der niedergeschriebene Vogelsong bleibt dem Vogel selbst verschlossen. Uns aber öffnet sich eine Sprachwelt.

In den Brehmschen Büchern verteilt finden sich: die monotonen Äußerungen der Hohltaube, die entweder »Huuh, huu, huh, huh, huhhuhhuhhuh« ruft oder »Ure ure ure uru uru uru uru«, ab Ende August aber nur noch »Huwe huwe huwe huwe huwe huwe huwe huwe huwe«; das dumpfheulende Rollen der Felsentaube, »Marukuh murukuh marukukuh«; das kurz Angebundene der Riesenraubmöwe, die »Ach ach« spricht sowie beim Angriff ein tiefes »Hoh«; das knappe »Gluck«, mit dem der älteste Truthahn das Signal zum Überqueren eines Flusses gibt.

Schon wenn Brehm sich dem Alpenstrandläufer zuwendet, ahnt man aber, mit welcher Variationsbreite auch einsilbige Vogelworte benutzt werden können. Der Ruf des Alpenstrandläufers ist ein »Trü«, doch Brehm zitiert den Vogelsprachkundler Voigt: »Einmal gelang es mir, einen solchen Schwarm, den die Flut auf trockenen Sand zusammengedrängt hatte, vom hohen Geestufer herab aus nächster Nähe zu belauschen. Dicht beieinanderstehend unterhielten sie sich mit halblautem ›Wiwiwi‹, im Eifer zu längeren Touren übergehend oder auch die ›Wiwiwis‹ mit ›Trüüs‹ untermengend. Ganz anders an den Brutplätzen... Sein ›Trü‹ hört man hier mehr ausgekostet und oft gereiht, im Jagen ›trrrrürürürü... die ü-Stöße fast trillernd dicht, dann im Stehen tiefere ›Rät‹ oder ›Räh‹ anschließend oder eine halblaute ›Ilililil‹-Tour.«

Noch interessanter: »Krögögögöögrö«, auch »Qenö-göö önö göö«, der Ruf des Alpenschneehuhnes bei starkem Nebel. Beim Anblick eines Raubvogels ruft es jedoch »Gä-gä gagää«, wobei Brehm anmerkt, diese Laute habe er von dem Ornithologen Schinz, er selbst habe sie nie gehört, »nur ein merkwürdig dumpfes, röchelndes, tief aus der Kehle kommendes ›Aah‹, mit dem sich noch ein Schnarren verbindet. Faber, Holboell und Krüper übersetzten diesen Laut durch ›arrr‹ oder ›orrr‹, ich meine aber, dass man den R-Laut nicht so deutlich vernimmt.«

Hier drei Beispiele, zu welcher Differenziertheit sich ein Vogeltext aufschwingen kann.

Erstens: die Gebirgsstelze mit ihrem »Zisisisi huit huit sirrrr doit säsäsäsä zuit«.

Zweitens »Keiäkek kaiki kliwrä Kjiikgik«, der Warnruf der weiblichen Saatgans.

Drittens: »Bückwerwück«, der weit schallende Daktylus der Wachtel, »der von jedem gern vernommen wird und zur Belebung einer Gegend viel beiträgt«. Brehm weiter: »Der Lockton ist ein leises ›Bübibi‹, der Liebesruf ein etwas lauteres ›Prickick‹ oder ›Brübrüb‹, der Ausdruck der Unzufriedenheit ein schwaches ›Gurr gurr‹, der Furcht ein unterdrücktes ›Trülilil trülil‹, der Angstlaut ein ebenfalls nicht weit vernehmbares ›Trül reck reck reck‹. Dem Paarungsruf des Männchens pflegt ein heiseres ›Wärre wärre‹ vorauszugehen, dem dann das ›Bückwerwück‹ mehrmals nacheinander folgt.«

Mein Lieblingsvogelschrei? »Bülow«, der freundliche Ruf des Pirols, der in Mecklenburg »Vogel Bülow« heißt, auf Französisch »Loriot«. Was empfinden wir, wenn wir ihn hören? »Glück«! So ruft es der Grünspecht mit weit tragender Stimme, einem großen Gelächter ähnlich, das manche, wie Brehm, »Glüh glüh glüh glück glück glückglück-glück« hören.

*

Zum Abschluss will ich einige persönliche Hitparaden vogelsprachlicher Äußerungen präsentieren, basierend auf den in Brehms *Tierleben* verstreuten Notizen über Vogeläußerungen aller Art. Wobei es an dieser Stelle nur um die schönsten Paarungslaute gehen soll, dem für Leserinnen und Leser sicher interessantesten Bereich. Ich habe nicht nur *eine* Hitparade aufgestellt, sondern *mehrere*, thematisch gegliedert.

Ich beginne mit den drei schönsten einsilbig-nüchternen Paarungs- und Balzlauten.

Auf Platz drei: »Tick«, einfach »Tick« ruft die Grauammer, wenn sie Zärtlichkeit äußern möchte. Brehm fertigt diesen Vogel leider mitleidlos folgendermaßen ab: »Der Gesang, der vom Telegraphendraht oder einer Baumspitze herab in der Nähe von Wiesen und Feldern vorgetragen wird, ist weder angenehm noch laut, dem Geräusch eines Strumpfwirkerstuhls ähnelnd, da auf ein wiederholtes ›Zick zick‹ ein unnachahmliches gequetschtes Klirren, ein langgezogenes ›Schnirrrrps‹, das Tonstück beendet. Liebenswürdige Eigenschaften hat die Grauammer nicht.«

Platz zwei: Mit »Hup hup« meldet sich der Wiedehopf, wenn er sich paaren will. Streiten sich zwei Wiedehopfe um ein Weibchen, rufen sie »Hup hup – puh«.

Platz eins: »Rerrp rerrp rerrp« – so äußert der Wiesenknarrer seine Fortpflanzungswünsche, stundenlang, ununterbrochen. Wird er mit einer Wiesenknarrerin intim, tauschen sie ein »Kjü kjö kjä« aus.

Nun die melancholischen Vogel-Lover.

Auf Platz drei hier: das Tüpfelsumpfhuhn, welches mit »Uit« seiner Zärtlichkeit Ausdruck verleiht, ein Geräusch, laut Brehm »vergleichbar dem Geräusch, das ein fallender Tropfen in einem gefüllten Gefäße hervorbringt«.

Platz zwei: »Üprumb«. Dies ist der absonderlich-brüllende Paarungsruf der Rohrdommel, in stillen Nächten kilometerweit zu hören, wobei das Männchen in der Dämmerung beginnt, am lebendigsten vor Mitternacht ist und bis zum Ende der Morgendämmerung ruft (was für Nicht-Rohrdommeln lästig sein kann). »Dabei vernimmt man, wenn man sehr nahe ist, noch ein Geräusch, als schlüge jemand mit einem Rohrstengel auf das Wasser. Ehe der Vogel ordentlich in Zug kommt, klingt sein Lied ungefähr so: ›Üü ü prumb‹, dann ›Ü prumb ü prumb ü prumb‹. Zuweilen, aber selten schließt sich dem ›Prumb‹ noch ein ›Buh‹ an.«

Platz eins: »Zwui, Schwunsch«. Der, so Brehm, »ungemein sanft« vorgetragene Zärtlichkeitslaut des Grünlings.

In der Parade der laut-redselig bis geschwätzigen Liebes-Sänger finden wir auf Platz drei: die Graugans. Paarung und Ehe beginnen hier mit einem triumphalen »Gahgagag«, dem, wie Brehm notierte, meist »ein schwächeres Schnattern« folgt.

Platz zwei: das »Chäh querkhoit kiwitkiwitkiwit kiuiht« des Kiebitz, das sowohl das »Talüdltalüdltalüdltalüdl« hinter sich lässt, einen gesangartigen Triller, zu welchem sich in der Paarungszeit der Kiebitzregenpfeifer begeistert, als auch das »Dühdüdülldüllüllüllüll«, die Liebeswerbung des Seeregenpfeifers.

Platz eins: Das »Heide heide heide heide heide heide heide heiderei« des Auerhahns, sein, mit Brehm gesprochen, »fabelhaftes Schleifen, Wetzen oder Einspielen, das bis jetzt kein Sterblicher auch nur annähernd nachahmen konnte«. Dauer: dreieinhalb bis vier Sekunden. Es gehört zum legendären Balzruf des Auerhahns, dessen Verlauf hier nicht referiert werden kann. Brehm zitiert einen Forstmeister, demzufolge ein Satz von Balzrufen etwa so klingt: »Töd töd, töd töd, töd öd öd öd öd öd öd – glack«; und dann eben »Heide heide heide…« Brehm schreibt, er bevorzuge die Schreibweise »Pellöp, pellöp, pellöp«, dann ein »Klikop«, dann »Heide heide heide…« Er gibt aber zu, dass dies alles »durch Schriftzeichen überhaupt nicht wiedergegeben werden« könne. Ich möchte anfügen, dass ich nie einen Auerhahn hörte, also inkompetent bin – aber einen Ruf »Pellöp, pellöp, pellöp – klikop, heide heide heide…« unvergleichlich finde.

Zum Schluss ein Wort von Brehms *Wellensittich* Peter, der nach zweieinhalb Jahren seinem Besitzer entfloh: »Na komm, komm her, gib Küsschen, was ist denn das mit dir?!« Natürlich steht es jeder Leserin und jedem Leser frei, sich für das eigene Paarungsleben hier passende Ausdrücke auszuwählen.

*

Ich schließe mit einem herzlichen »Hiwäwäwü«, dem Ausdruck des Wohlbehagens bei der Mönchsgrasmücke.

HOLZSCHMERZEN

Frau A. aus Feldkirchen weilte mal in Tschechien im schönen Kloster Tepl nahe Marienbad, wo auf einem Parkplatz ein Imker seine Erzeugnisse verkaufte, A. ein Fläschchen mit der Aufschrift »Propolistinktur« in die Hand drückte und ihr dabei einige verschwörerische Sätze zuraunte. »Damit ich mir auch ja alles merken konnte«, schreibt sie, »schob er mir beigelegte deutsche Interpretation zu, obwohl ich des Tschechischen durchaus mächtig bin.«

Diese Interpretation nun hat es in sich. Zuerst wird erklärt, was es mit Propolis auf sich hat: »Eine Substanz, die von den Bienen produziert wird und run Einkapseln der fremden Tieren. Damit wird die Verbreitung der Infektion im Bienestock verbindert. Die Eindringlinge werden zu Tode gestorben und diese Substanz gepakt.«

Während aber die Eindringlinge zu Tode sterben, kann die Tinktur dem Menschen gesundheitlich äußerst nützlich sein, ich zitiere hier nur einige Auszüge aus den Anwendungsempfehlungen:

»Bei allen inneren Infektionen, die Tiefer zuständen vermachen (z-mal täglich 15 Tropfen).«

»Bei erhöhten Bluhdruck 1 mal täglich 10 Tropfen abends vor dem Schlafen, bis der Druck singt.«

»Bei der Nieren- und Leberentzündung 2 mal täglich ein Teelöffel in 1 dcl Wasser. Die Behandlung unterbricht man jede zweite Woche und die dauert bis die Endzündung verschwindet.«

»Bei einer Angine, Holzschmerzen von Erkältung geben

wir 10 Tropfen in 2 dcl warmes Wasser und gurgeln mehrmals Täglich.«

»Bei Schimmelpilz zwischen den Zehen bestrichen wir die
Stellen mit der Tinktur.«

Holzschmerzen, Endzündung, Schimmelpilz zwischen den
Zehen – das sind alles sehr unangenehme Dinge, Zeichen
körperlichen Verfalls im Endstadium. Wie tröstlich dann
andererseits die Vorstellung, den Bluhdruck abends so lange
mit Propolis zu traktieren, bis er einen in den Schlaf singt!

HUHNTORTE

Beeindruckend, was Leserinnen und Leser von ihren Aufenthalten in den Restaurants, Imbissbuden, Kneipen und Hotelbars der Welt schon alles mitbrachten (➤ *Ausgemachtenudeltucke, Drahthuhn, Fischtageszeitung*)! Herr R. aus Münster zum Beispiel, der mir das Foto eines Schildes vor dem Restaurant *La Fonda* auf Fuerteventura schickte, das ihm seine Tochter vor Jahren schenkte. Auf dem Schild steht:

» Miercoles cerrado
Closed Wednesday
Vollbart Mittwoch«

R. schrieb, er habe sich seit Jahren an der Lösung dieses Rätsels die Zähne ausgebissen: Warum wird hier auf Spanisch und Englisch bekannt gegeben, dass mittwochs geschlossen sei, auf Deutsch aber die Tatsache plakatiert, dass der Wirt sich am freien Tag nicht rasiert?

Die Lösung fand ich im Spanisch-Lexikon, in dem nämlich steht, dass eine *barba cerrada* ein geschlossener Bart, also ein Vollbart ist, woraus ich erstens schließe, dass der Spanier diese *barba cerrada* schon mal mit *cerrada* abkürzt, und zweitens, dass der Wirt in Fuerteventura so wie ich im Lexikon nachgeschlagen hatte...

Ähnlich ist es wahrscheinlich bei dem Schild gewesen, das Herr und Frau K. aus München für mich in Paguera auf Mallorca fotografierten:

» Montage schlossen durch Rest der pressonel.
Entschuldigung zu der Störungen
Die Richtung«

Hier hat der Inhaber zwar die halbwegs richtige Bedeutung für *cerrado* herausgefunden, sich dafür aber von den zwei Möglichkeiten, *dirección* zu übersetzen, die falsche ausgesucht. Rätselhaft bleibt, wie der Wirt eines Restaurants auf Ischia zu dem riesigen Schild kam, das er an eine Palme vorm Lokal nagelte: »Romantische Strandterrasse mit Pfefferminzgeschmack Weinstube«. Das hat mir Herr B. aus Köln geschickt. Er weiß die Lösung aber auch nicht.

Geht es hier darum, sich über mangelnde Deutschkenntnisse von Ausländern lustig zu machen? Bah. Im Gegenteil! Es ist ein Spiel mit der Sprache, Bereicherung, Entdeckung von Möglichkeiten.

Und immer wieder fragt man sich: Wie ist das möglich? Wie kann so viel Schönheit entstehen?

Wie in aller Welt kann der Besitzer des Asia-Bistros *Anh-Yen* in Berlin (auch unter Berücksichtigung allerneuester Rechtschreibreformen mit ihren Trennungsregelungen) darauf gekommen sein, auf seiner Karte »Täglich wes chel ende Menüsim Angebot« sowie ein »Ü berraschung sgeschenk« zu offerieren?

Warum um Himmels willen bietet das Restaurant *La Guitoune* in Pyla-sur-Mer/Frankreich so rätselhafte Speisen wie »Gesengte haus krapfen« an, auch »Geröstete Teerjacke mit fenchel«, ja, sogar »Zeitsalat«?

Moment mal: Zeitsalat?!

Da richtet sich der Blick auf die französische Originalspeise, die *Salade de Saison* heißt, also »Salat nach der Jahreszeit«. Aber da »Saison« nicht nur die »Jahreszeit« ist, sondern auch die »rechte Zeit« für dieses oder jenes, hat sich der Wirt aus dem Wörterbuch einfach das Falsche herausgesucht und eingesetzt. So ist er auch auf die »Geröstete Teerjacke« gekommen, eigentlich ein *Loup de mer*, also ein

Seewolf – aber *Loup de mer* heißt im übertragenen Sinn auch »alter Seebär« oder eben »alte Teerjacke«, und nur das »alt« hat der Koch beim Kartenübersetzen weggelassen – Glück im Unglück, möchte man sagen. Es handelt sich ja um ein Fischgericht.

Sollten Sie übrigens jemals nach Pyla-sur-Mer kommen, sprechen Sie den Wirt vom *La Guitoune* besser nicht auf diese Mängel an. Er bietet auf seiner Karte auch »Roheiten« an – und wer weiß, wie er das meint.

Wir stellen also in unserem kleinen Speisekarten-Deutsch-kurs fest: Meistens kommt man der Sache mit einem Wör-terbuch auf die Spur, denn mehr als ein Wörterbuch hat auch der Speisekarten-Texter nie gehabt. Der Sprache, in die er da hineinübersetzt hat, war er jedenfalls nicht im Ge-ringsten mächtig, Gott sei Dank, möchte ich sagen. Sonst geschähen nicht solche Wunder wie jenes, dessen ein Leser in Griechenland teilhaftig wurde: Er fand eine dreisprachige Speisekarte vor, deren griechischen Teil er gar nicht verstand – wohl aber den englischen. Dort gab es ein kleines Gericht, eine Vorspeise namens *onion rings*. Auf Deutsch hieß dieses Essen »Zwiebel ruft an«.

Wie aber lösen wir die Rätsel, die wir auf der Snack-Karte des mallorquinischen Hotels *Palace de Muro* finden?

Die Antwort: mithilfe von zwei Wörterbüchern.

Leserin F. brachte die Karte mit und wundert sich zu Recht, dass dort nicht nur für acht Euro »Ihr Vergnügen, mit Salat und Tomate« angeboten wurde, sondern auch »Teil Späne« sowie »Huhntorte«. Vor allem aber las sie unter »Hambur-guer mit Käse« den rätselhaften Satz: »Der Hamburger Zorn diente mit oder ohne Käse, Brot, Späne und Salat. Der ganzer Platten Zorn diente mit Spänen und menestra als Gemüse.«

Wie dies entstand – darauf kommt man nur, wenn man den spanischen Originaltext liest: *La hamburguesa irá servida con o sin queso…* Also: »Der Hamburger wird mit oder ohne Käse serviert« – so lautet das richtig übersetzt.

Wenn man aber rein nach Wörterbuch vorgeht und zunächst ins Englische übersetzt, landet man im spanisch-englischen *Dictionary* unter *hamburguesa* bei »Hamburger«, dann unter *ira* (das ohne Akzent »Zorn« bedeutet) bei *wrath* und übersetzt: *The hamburger wrath served with or without cheese…* Und dann nimmt man ein englisch-deutsches Wörterbuch, sieht nach, was *wrath* heißt, und schreibt: »Der Hamburger Zorn…«

Aus nämlichem Grunde bietet das *Palace de Muro* auch kein Club-Sandwich an, sondern etwas, das »Verein« heißt, und beschließt sein Speisekarten-Angebot nicht mit »Nachspeisen«, sondern mit »Wüsten«, das sind im englischen *deserts*, obwohl es eigentlich »Desserts« sein sollten, aber wenn man Speisekarten in fremden Sprachen verfasst, sollte man dieser Sprachen nicht nur nicht mächtig sein, sondern sich auch an den passenden Stellen noch ordentlich verschreiben.

Sonst macht es ja keinen Spaß.

HUNDELEIDEN

Das geht mir wohl nie mehr aus dem Kopf, wie Edmund Stoiber – es waren die Zeiten des Anfangs von seinem politischen Ende – seinerzeit vor einem ganzen Parteitag klagte, er leide »wie ein Hund« unter dem, was er seiner geliebten Partei angetan habe. Es warf so viele Fragen auf: Woher kommt diese Redewendung? Wie leiden Hunde? Wann leiden sie? Und wer mochte, wenn Stoiber Hund war, sein Herrchen sein? Wir alle? Die CSU? Frau Merkel? Niemand anders als Thomas Mann hat beschrieben, wie unterschiedlich Hunde leiden, wenn sie zum Beispiel bestraft werden. Mann besaß zunächst einen schottischen Schäferhund namens »Perceval«, dann einen »Bauschan« getauften Hühnerhund (➤ *Hyänisch*). Beide reagierten auf Züchtigung geradezu gegensätzlich: »Wenn ich denn also, zum Äußersten gebracht, die Karbatsche vom Nagel nahm, so verkroch er [Perceval; Anm. d. Verf.] sich wohl zusammengeduckt unter Tisch und Bank; aber nicht ein Wehelaut kam über seine Lippen, wenn der Schlag und noch einer niedersauste, höchstens ein ernstes Stöhnen, wenn es ihn allzu beißend getroffen hatte, – während Gevatter Bauschan vor ordinärer Feigheit schon quiekt und schreit, wenn ich nur den Arm hebe.«
Es musste dem Einzelnen überlassen bleiben, wie er das Leiden Stoibers hier einordnen wollte, aber vielleicht war es wichtig zu sehen, dass es in diesem Fall nicht so sehr um Leiden unter Strafe ging, sondern um etwas anderes: die Furcht, vom Rudel verstoßen zu werden, allein zu sein, die

Urangst jedes Hundes, der tief in sich noch das Erbe der die weiten Wälder durchstreifenden Wolfsrudel spürt. Nichts Schlimmeres gibt es für Hunde als Trennungsangst. Hierüber nun lesen wir in James O'Heares grundlegendem Werk *Trennungsangst beim Hund* eine klare Beschreibung der Symptome, unter anderem: übermäßige Lautäußerungen (Winseln, Jaulen, Bellen, Heulen), hektisches Hin- und Herlaufen, Zerkauen und Zerstören von Gegenständen, Speicheln und Sabbern, feuchte Pfotenabdrücke durch Schweißabsonderung…

Es war damals – und deshalb ist es mir so unvergesslich – das erste Mal, dass ein Spitzenpolitiker eine solche Symptomatik bei sich entdeckte und dass er, wenn auch metaphorisch verbrämt, dies zugab.

Ein schonungsloses Bekenntnis: Ja, ich jaule und winsele, ja, ich zerkaue Gegenstände, ja, ich laufe hektisch hin und her, ja, ich habe nasse Pfoten! Lasst mich nicht allein! Geht nicht weg! Lasst mich das Stöckchen holen! Verscheucht mich nicht aus dem Körbchen in der Münchner Staatskanzlei!

Selten durften wir tiefer in die Seele eines Großen blicken, nie wurde klarer, was ihn und uns verbindet.

HUPRAUM

Eines Tages bekam ich eine Post von Herrn Z. aus March-Buchheim, die mich an einen eigenen kindlichen Irrtum erinnerte. Z. schrieb mir nämlich, er habe lange gedacht, »man würde die Steuerklassen von Autos anhand des Hupraumes ermitteln«. Als Blinder habe er das Wort nie geschrieben gesehen, immer nur gehört, »und als wohl einer der wenigen Jungens, die sich nicht für Motoren interessierten, konnte ich mir unter Hupraum nicht viel vorstellen«. Genau so ging es mir als Kind, allerdings mit dem Unterschied, dass ich das Wort sehr wohl geschrieben gesehen hatte, im Autoquartett zum Beispiel, die Schreibweise »Hubraum« allerdings immer unbewusst-unwillkürlich für einen Druckfehler hielt und selbstverständlich davon ausging, es müsse »Hupraum« heißen. Z. schreibt, für ihn als Musiker sei die Hupe immer viel präsenter gewesen als irgendein geräuschloser Hub, und er finde, »es wäre doch ein wunderbar einfaches Verfahren, die richtige Steuerklasse mit einem kurzen Druck auf die Hupe feststellen zu können«. So sehe ich die Sache auch: Die Kfz-Steuer sollte dann insgesamt nicht mehr erhoben, sondern erhupt werden. Und die Kerle mit den lautesten Hupen müssten am meisten zahlen (➤ *Entrüpelung*).

HYÄNISCH

Interessant fand ich, wie nach der Wahl 2005 das Lachen des Schröder unisono von verschiedenen Reportern beschrieben worden ist. Zunächst stand in der *Süddeutschen Zeitung*, der Kanzler habe in Saarbrücken »sein gewohntes Raubtierlachen« gelacht. Zwei Tage später hieß es in der *FAZ*, Schröder solle bei einem Treffen mit Gewerkschaftern in Berlin »sein Lachen gelacht haben, welches ehedem gerne als Wolfslachen beschrieben wurde«.

Man stutzte insofern, als gar nicht bekannt war, dass Raubtiere, in Sonderheit Wölfe, lachen können. Wobei es natürlich sein kann, dass Raubtiere jeden sofort auffressen, der Zeuge ihres Lachens wird, sodass nie ein Mensch Gelegenheit hatte, zu berichten, er habe einen Wolf »sein gewohntes Schröderlachen lachen« sehen.

Interessanterweise ist das Lachen bei Tieren sogar gerade desto häufiger, je weniger raubtierhaft sie sind. Darwin beobachtete, wenn man junge Orang-Utans kitzele, »so grinsen sie und machen ein kicherndes Geräusch«. Auch frisch gekitzelte Laborratten lachen, man las vor Jahren in der Zeitschrift *Nature* etwas über entsprechende Arbeiten des Neurowissenschaftlers Panksepp in den USA. Und Thomas Mann besaß einen Hühnerhund namens Bauschan; auch er nicht wirklich ein Raubtier, aber des Lachens fähig. Mann fand es, wenn er Bauschan neckte, ergreifend zu sehen, »wie in der schwärzlichen Miene der Kreatur der physiognomische Ausdruck des menschlichen Lachens oder doch ein trüber, unbeholfener und melancholischer Abglanz davon erscheint«.

Wobei, Moment…!

Hyänen lachen. Jedenfalls machen Tüpfelhyänen ein Geräusch, das an Lachen erinnert, »ein wahrhaft fürchterliches Gelächter«, schreibt Brehm, »wie es die gläubige Seele und die rege Phantasie etwa dem Teufel und seinen höllischen Gesellen zuschreibt, scheinbar ein Hohnlachen der Hölle selbst«, das im Übrigen »eine gewisse Wollust des Tieres ausdrücken solle«. Blöderweise lachen Hyänen vor allem, wenn sie Beute gerissen haben, locken durch ihr Freudengeräusch wiederum Löwen an, die das Hyänenrudel verjagen und ihm das Fleisch wegfressen, wobei die Löwen todernst zu Werke gehen, und die Hyänen ihrerseits finden's auch nicht lustig. Trotzdem lachen sie nächstes Mal wieder, wer weiß warum (➤ *Unhyänisch*).

Jedenfalls hatte Schröder die Wahl 2005 ja dann auch verloren.

KÄSE

Erinnert sich noch jemand Rudi Völlers wunderbarer Scheiße-Käse-Fußball-Rede aus dem Jahr 2003, der zweitschönste Fußball-Wutausbruch nach Trapattonis Flasche-leer-Ansprache?

Ein halber Satz Völlers ist mir nie aus dem Kopf gegangen, das ist dies verzweifelt Hinausgerufene: »... aber ich kann diesen Käse nicht mehr hören ...«

Was war das für eine rätselhafte Botschaft inmitten so klarer Worte wie »Sauerei« und »Scheißdreck«? Wer von uns kann denn Käse *hören*? Man gehe nur in das nächste Käsegeschäft oder stelle sich vor die Käsetheke im Supermarkt – was hört man? Nichts. Es schlägt einem dieser und jener Geruch entgegen, auch sieht man verschiedene Käsesorten, man fühlt die Kühle, in der sie aufbewahrt werden. Isst man den Käse, so schmeckt man ihn. Käse kann vier Sinne ansprechen, aber den fünften? Da ist nichts. Da war nie etwas. Käse kann man sowenig hören, wie man Musik sieht oder Glas schmeckt.

Oder? Vor einer Weile berichtete »der Armin« in der *Sendung mit der Maus* über die Herstellung von Käse und die Frage, wie Löcher in den Käse kommen. Da konnte man sehen, wie einer auf einen großen, reifen Käse klopfte. Es klang hohl, wegen der Löcher eben. Man hatte kurz das Gefühl, als könne man Käse doch hören, aber wenn man es genau nahm, hörte man ja nur die Löcher. Der Käse selbst: still.

Rudi Völler sagte übrigens, er könne den Käse »nicht

mehr« hören. Das heißt, es gab eine Zeit, in der ihm das Hören von Käsegeräuschen möglich war. War das eine schönere Zeit?

Er sagte »diesen« Käse – es war also vielleicht ein bestimmter Käse, den er vernahm. Was ist aus diesem Käse geworden? Hat jemand ihn gegessen? Hat jemand tatsächlich jenen unglaublichen Zauberkäse verzehrt, der nachts aus dem Völlerschen Kühlschrank zu ihm sprach, während der Teamchef sich bei einem Bier am Küchentisch entspannte? War es am Ende »dieser« Käse, der Rudi die Mannschaftsaufstellungen eingab, sodass der Trainer, nachdem der Käse in Schweigen ausgebrochen war, gegen die Isländer die falsche Equipe aufbot? Erklärt das die Verzweiflung des Mannes, seinen Ruf: Wie soll ich eine bessere Elf aufstellen, wenn ich *diesen* Käse nicht mehr hören kann!? Und: Hat der Käse vor dem doch so erfolgreich beendeten Schottenspiel dann wieder zu reden begonnen?

Man fühlt sich an Michael Endes Bücher erinnert, in denen die Dinge so oft eine Stimme bekommen, an die *Unendliche Geschichte* zum Beispiel, in der es sogar eine Stimme der Stille gibt, Uyulála heißt sie und singt:

> » Denn mein Leib ist Klang und Ton,
> hörbar nur allein,
> diese Stimme selber schon
> ist mein ganzes Sein.«

Ob so auch der Käse zum Rudi sprach: Denn mein Laib ist Klang und Ton ...? Es scheint mir seit jener Rede, als sei die Welt des Fußballs tiefer, geheimnisvoller, als wir uns je vorstellten.

KAUFLAUNE

In der *Welt* stand das im Juni 2006, als die Fußballweltmeisterschaft noch gar nicht begonnen hatte, ganz vorne und ganz oben: »Fußball-WM versetzt die Verbraucher in Kauflaune.«

Kauflaune, dachte ich, Kauflaune …

Ich spürte in mich hinein – war da drinnen etwas von dieser Laune? Möchtest du kaufen? Möchtest du in die Shops, Malls und Märkte ziehen? Und, wenn ja, war es die Fußball-WM, die dich in diese Stimmung versetzte? Noch nie seit 1980, wurde in der *Welt* berichtet, sei die »Anschaffungsneigung«, teure Güter wie Autos und Möbel betreffend, so hoch gewesen wie jetzt. Und was kleinere Güter angehe: Adidas habe statt der geplanten 500.000 deutschen WM-Trikots bereits eine Million verkauft.

Wie ist das möglich?, dachte ich. Haben sich tatsächlich so viele Menschen Hoffnung gemacht auf einen Platz im Klinsmann-Kader, der doch nur 23 Männer umfasste? Dass sie sich bereits ein Trikot anschafften, obwohl sie nicht mal zu einem Trainingslager geladen waren? Wie soll man das werten? Zeichen bedingungsloser Einsatzbereitschaft? Oder doch etwas wie Realitätsferne?

Jedenfalls: Kauflaune.

Reicht es nicht, dachte ich, dass es so schlimm-unwägbare Dinge wie »saisonal bedingte Arbeitslosigkeit« gibt? Was das Kaufen angeht, dachte ich: Es war doch nie eine Frage der *Laune* in Deutschland. Dieses Land ist mit Schlussverkäufen groß geworden. Mit langen Schlangen, die in bitterer Kälte auf die Öffnung der Kaufhaustüren warteten. Mit knallhartem Einsatz am Wühltisch. Vergessen wir nicht die deutsche Hausfrau, die noch jede Konkurrentin um ein Sonderangebot abgrätschte, wenn es sein musste! Unsere Eltern haben nie zu Hause gesessen und auf Erzeugung irgendwelcher Launen gewartet, sie sind hinausgegangen in die Fußgängerzonen und haben *gekämpft*. Und es sind die tristen Tage gewesen, an denen sie zur großen Form auflie-fen und konsumierten, was der GfK-Index hergab.

Kauflaune, dachte ich dann, das mag etwas für Brasilianer sein. Konsumklima, Verbraucherstimmung, Anschaffungs-neigung – ha! So dachte ich: Kaufen darf in diesem Land nie eine Frage der Laune sein. Kaufen ist Kampf, wir müs-sen aus der Defensive heraus unseren Kauf machen, dachte ich, anders ist es nie gewesen, vergesst die deutschen Tu-genden nicht!

Kauflaune, Blödsinn.

KEINPROBLEM

Ich möchte für die allgemeine zwischenmenschliche Kommunikation zwei Änderungen vorschlagen.

Erstens: Was ich sehr gerne eine Weile nicht mehr hören würde, das ist die Wendung Keinproblem.

Keinproblem ist an sich kein schlechtes Wort. Nehmen wir an, mein Computer würde nicht mehr funktionieren oder die Waschmaschine wäre kaputt oder die Balkontür würde nicht mehr schließen… Da würde man einfach gern irgendwo anrufen, einem Menschen am anderen Ende der Leitung sein Problem schildern. Und wie schön wäre es, dieser Mensch würde mit leichter Stimme Keinproblem sagen. Und das Problem durch irgendeine Maßnahme erledigen.

Das geschieht aber nicht. Stattdessen hören wir am Telefon Musik, wir werden verbunden, es sind gerade alle Serviceberater im Gespräch, es sind diese Woche keine Reparaturtermine mehr frei, die Ersatzteile sind im Moment gerade nicht zu beschaffen, wir müssten von 8 bis 14 Uhr daheim bleiben, um auf den Mechaniker zu warten, der aber erst um 16 Uhr kommt, und drücken Sie bitte Taste eins, wenn Sie mit der Aufzeichnung des Gesprächs einverstanden sind, und sprechen Sie jetzt laut und deutlich Ihre Kundennummer – was, Sie wissen Ihre Kundennummer nicht? Oh. Diese Sachen. Lauter Probleme dort, wo wir gern Keinproblem hätten.

Stattdessen höre ich Keinproblem zehn Mal am Tag, wenn tatsächlich gar kein Problem vorhanden ist. Ich setze mich im leeren Café von einem Tisch an einen anderen, weil es am ersten Tisch zieht, erkläre das der Kellnerin – und? Keinproblem, sagt sie. Ich probiere im Laden einen Pullover, probiere noch einen zweiten, sage dann, ich würde doch lieber den ersten nehmen – was spricht die Verkäuferin? Keinproblem. Ich stehe in der Metzgerei, kaufe dieses, kaufe jenes und sage am Ende, jetzt hätte ich gerne noch drei Weißwürste. Keinproblem.

Ja, warum auch? Warum sagt man mir dauernd, wenn meilenweit Keinproblem zu sehen ist, dass dies Keinproblem sei, während, wenn ich mitten in den Problemen stecke, niemals einfach jemand Keinproblem sagt.

Das geht so nicht weiter.

Zweitens: Seit einer Weile melden sich, wo immer ich anrufe, am Telefon Menschen etwa so: »Guten Tag, hier ist die Firma Soundso und Sowieso, mein Name ist Kürzenich-Hintermeier, was kann ich für Sie tun?«

Ehrlich, darauf kann ich verzichten. Das ist mir zu kompliziert, zumal ich den Firmentitel und den Namen meiner Telefonpartnerin oft sowieso nicht verstehe, weil die Dame schon selbst weiß, dass der Satz, den sie zweitausend Mal pro Tag sagt, viel zu lang ist, weshalb sie ihn so schnell ausspricht, dass... Klar. Sie startet *full speed* mit »Gntg, hrst Frma Soso'ndSoso, mn Nme st Krznch-Hntrmr«, um dann mit erschöpftem »Was kann ich für Sie tun?« über die Ziellinie zu hecheln. Ich selbst melde mich seitdem am Telefon seit Kurzem nur folgendermaßen: »Grüß Gott, mein Name ist Hacke, was können Sie für mich tun?«

Schluss mit alledem! Ich hätte stattdessen gerne (nur ein einziges Mal!), dass die Dame in der Bäckerei, in der ich alle paar Tage morgens Semmeln kaufe, diese Dame also, die jedes Mal stumm vor mir steht, mürrisch meine Einkäufe in eine Tüte wirft, schon fast wütend wird, wenn mir bei schon geschlossener Tüte etwas Zusätzliches einfällt, diese Dame, die dann das Wechselgeld laut klackernd auf den Wechselgeldteller wirft, obwohl doch meine geöffnete Hand unmittelbar neben dem Wechselgeldteller erwartungsvoll bereitliegt – dass also diese Dame, wenn ich morgens den Bäckerladen betrete, fröhlich ruft:

»Grüß Gott, dies ist die Bäckerei Brummer, mein Name ist Kürzenich-Hintermeier, was kann ich für Sie tun?«

Einmal nur, bitte! Das kann doch Keinproblem sein.

Wie wäre es: Montag?

KETCHUP

Der Vorsitzende des Rates für Rechtschreibung, der frühere bayerische Kultusminister Zehetmair, hat sich einmal in den heißen Zeiten der Rechtschreibreformdebatte zur Frage, ob man das Wort »Ketchup« in Zukunft auch »Ketschup« schreiben dürfe, dahingehend geäußert, ihn habe »das Wort Ketchup nie ereifert, weil ich das Produkt nicht mag«, es sei »ein grässliches Wort für eine grässliche Sache«.

Das ist eine interessante Haltung den Wörtern gegenüber. Würde man sich Zehetmayers Meinung anschließen und sie noch ein wenig zuspitzen, wäre es fast gleichgültig, wie man ein Wort schriebe, wenn man entweder dieses Wort nicht mag oder den Gegenstand, den es bezeichnet. Schriebe der Schüler im Diktat statt »Kriegsführung« etwa »Kriechsfürunk« oder »Kriksfyrong«, könnte er den Mäkeleien des Lehrers mit den Worten begegnen: »Finden Sie nicht auch, dass es ein scheußliches Wort ist? Und 'ne widerliche Sache?«

Ist es das, was Zentnermayer will?

Lassen wir das dahinstehen. Aber ein Wort zum Ketchup. Grässliche Sache? Haben Sie wirklich, Zetermeier, je die ganz unerhört zarte Fruchtigkeit eines mit Apfelmark aus Bohnäpfeln zubereiteten Ketchups geschmeckt? Und sagen Sie, Centmayor, steckt hinter ihrem Geschimpfe nicht der alte Antiamerikanismus der Konservativen? Wussten Sie nicht, dass der Ketchup in Amerika wirklich weite Verbreitung erst durch einen Sohn deutscher Einwanderer erfuhr, Henry John Heinz, mit dessen Erbe heute noch in den

USA Präsidentschaftskampagnen vernünftiger Männer finanziert werden?

So viel zur Sache, verehrter Cehetmaja. Nun etwas über das Wort »Ketchup«, welches eine durchaus ehrwürdige Geschichte besitzt. Es hat seine Ursprünge im Wort »ketsiap« oder »koechiap«, womit man schon im China des 17. Jahrhunderts eine Sauce aus gesalzenem Fisch, Muschelfleisch und Gewürzen bezeichnete. Als dieses Gemisch auch bei den Malaien bekannt wurde, nannten diese es »kechap« oder »ketjap«, sie malaiifizierten den Begriff gewissermaßen, ehrwürdiger Tse Het Ma Ya. Die Engländer brachten das nach Europa, nannten es »Catsup« oder »Catchup« oder »Ketchup«, variierten aber in Ermangelung asiatischer Gewürze die Zutaten mit Champignons, Walnüssen und Essiggurken. Byron erwähnt das in seinem Gedicht *Beppo*, und Dickens schwärmt in *Barnaby Rudge* von »lamb chops with plenty of ketchup«. Erst in Amerika kam die Tomate ins Spiel, welche dort übrigens von einem gewissen Thomas Jefferson zuerst angebaut wurde.

Was ich sagen will, lieber Mister C. Hettmyer, das Wort »Ketchup« hat schon viele Variationen erlebt, da wird es die eine auch noch vertragen. So ist das nun mal mit Wörtern, die um die ganze Welt gehen. Selbst der »Schweinebraten« heißt in Berlin »Schweinebraten«, in München jedoch »Schweinsbraten« (➤ *Schweinekäse*)

Aber das wissen Sie nun wirklich selbst am besten, Hans Zehetmair.

KÖRPERWASCHANLEITUNG

Nach einer Lesung in Magdeburg drückte mir eine Leserin das dort beheimatete Stadtmagazin *Dates* in die Hand, in dem die Waschanleitung aus einer Jeans der Firma *Pepe* abgebildet war, deren Text sich aber anscheinend gar nicht auf die Jeans, sondern auf deren Träger bezog.

Oder doch nicht?

Man wird jedenfalls plötzlich so unsicher in seinen Jeans, auch angesichts der zitierten und bisher ganz und gar ungekannten Gefahren:

»Wir empfehlen immer, die folgenden richtlinien zu gebrauchen:

– Waschen sie immer ihren körper das innere nach aussen und seperat von anderer kleidung

– Bitte seien sie extras vorsichtig mit dem licht gefärbt kleidend und oberflächen, dunkler körper kann verbluten.«

KOTKNOTEN

Das Ehepaar Z. aus Bayreuth verbrachte vor Jahren seinen Urlaub auf der Nordseeinsel Langeoog und brachte mir das Foto eines Schildes mit, auf dem eine Hundetoilettengebrauchsanweisung zu lesen ist, nämlich:

> »Beutel entnehmen
> Hundekot mit umgestülptem Beutel ergreifen und zuknoten
> Beutel einwerfen.«

Herr Z. schreibt mir dazu, er sei froh gewesen, »dass meine Frau und ich keinen Hund haben, weil ich zwar keine Probleme damit hätte, den ›Hundekot mit umgestülptem Beutel‹ zu ›ergreifen‹, aber wie ich den Hundekot dann anschließend ›zuknoten‹ soll (mit oder ohne umgestülptem Beutel?), ist mir bis heute unklar. Vielleicht fällt Ihnen ja eine Lösung dazu ein.«

Nein, lieber Herr Z., auch mir bleibt diese Herstellung von Hunde-KNOT ein Rätsel, doch möchte ich auf die Internetseite der Firma *zooplus* verweisen, auf der »zooplus Kotbeutel« angepriesen werden, welche »optimal für unterwegs« seien. Auch hier heißt es: »Durch die Schlaufe oben kann die Notdurft ihres Hundes praktisch und schnell zusammengebunden werden.« Kotknoten scheint üblich zu sein, praktisch und schnell. Nie notdürftig bitte!

Nachdem wir angemessen über diese Fingerfertigkeiten gestaunt haben, komme ich – um im Zusammenhang zu bleiben – auf einen Brief von Dagmar Schmauks von der *Arbeitsstelle für Semiotik* an der Technischen Universität Berlin zu sprechen. Sie hat einmal im *Sprachreport* einen wunderbaren Text zu einem Foto veröffentlicht, auf dem man einen großen Metalltank sieht. Auf dem Tank steht mit weißer Schrift geschrieben: »Ich bin ein $10\,m^3$ Fäkalientank. Mich gibt es von $3-60\,m^3$.«

Schmauks' Verblüffung und Staunen bezieht sich nicht so sehr auf das unverhohlene Selbstbewusstsein, mit dem sich ein »Ich«, am Straßenrand liegend, als Fäkalientank anpreist. Vielmehr beschäftigt sie sich mit dem »Mich gibt es von $3-60\,m^3$«. Kann der Fäkalientank wachsen oder schrumpfen? Nein. Aber wer ist dann »Ich« beziehungsweise »Mich«? Ist es in Wahrheit ein »Wir« und »Uns«?

Freud habe uns gelehrt, schreibt Schmauks in ihrem Aufsatz, die Psyche als vielschichtiges Gebilde zu sehen, in dem Ich, Es und Über-Ich miteinander ringen. Aber hat ein Fäkalientank eine Psyche? Leidet dieser am Multiple-Persönlichkeits-Syndrom? An einer hochreflektierten Variante gar, bei welcher der Betroffene *weiß*: »Ich bin viele«? Oder, wie Schmauks fortfährt: »Ist es so deprimierend, ein Fäkalientank zu sein, dass man dieses Los nur durch Spaltung in verschiedene Ichs bewältigen kann (immerhin sind recht kleine Tanks dabei, die wohl weniger leiden)? Ein Bündel existentieller Fragen, auf das die Linguistik keine Antworten weiß!«

Und ich auch nicht, wieder mal. Man muss sich auf dem Wortstoffhof daran gewöhnen, vor Wörtern zu stehen, die wir nur für ein unbestimmtes Schicksal zwischen- oder endlagern können, weil sie rätselhaft *bleiben*. Wie es ja auch Frau Schmauks geschah, die in einer zweiten Glosse (diesmal aus der *Deutschen Sprachwelt*) über das Angebot einer *City-Diver Tauchschule* zum kostenlosen »Schnuppertauchen« grübelt. Man sieht sie förmlich vor sich, wie sie hustend und

keuchend an die Wasseroberfläche kommen: Schnupper-
taucher.
Und freut sich, dass wenigstens Fäkalientank-Verkäufer
keine »Schnuppertage« anbieten.

LESEKOMPETENZ

Das war nicht schön, wie damals unsere Kinder beim Pisa-Test in der Disziplin »Lesekompetenz« auf Platz 21 lagen. Aber es wurde gleich was getan! Die Kultusminister beschlossen: drei Monate Fernsehverbot für alle; jeden Tag Zimmer aufräumen; Schließungen von Discotheken; massive Taschengeldkürzungen; Weihnachten keine Geschenke. Es musste doch endlich durchgegriffen werden.
Und wer lag bei »Lesekompetenz« auf Platz 1?
Finnland.
Finnland?
Das kann ich erklären. In Nordfinnland ist es im Winter 24 Stunden lang dunkel, da liest man viel. Und im Sommer ist es 24 Stunden lang hell, keiner kann schlafen, alle lesen. Weil der Finne so viel liest, spricht er wenig. In den Filmen von Aki Kaurismäki reden selbst Hauptpersonen oft zwanzig Minuten lang kein Wort. Wenn sie dann sprechen, sagen sie »Jaa-aa«, und während sie »Jaa-aa« sagen, werden Untertitel eingeblendet, die eine ganze Geschichte erzählen, welche sich hinter dem »Jaa-aa« verbirgt. Diese Untertitel muss man lesen. Das stärkt die Lesekompetenz.
Außerdem ist die finnische Sprache sehr kompliziert. Man muss genau lesen, um sie zu verstehen, weil die Wörter sich so ähneln: *muta* heißt »Schlamm«, *mutta* heißt »aber«, *muuta* heißt »Sonstiges«, und *muutaa* bedeutet »verändern«. Und »Ausschuss zur Durchführung von Verhandlungen über die Einstellung von bewaffneten Feindseligkeiten« heißt *aseleponeuvottelutoimikunta*, ungelogen.

Übrigens sind die Finnen so belesen, dass sich in ihrem Land die Hälfte aller auf der Welt befindlichen Vokale und Umlaute befindet. Sie können verschwenderisch damit umgehen und nennen Zitronenlimonade *sitruunalimonaati* und Ochsenschwanzsuppe *häränhäntäliemi*. Eiscreme? *Jäätelö*. Vor Jahren wollten die Tschechen den Finnen einige Tonnen Vokale abkaufen, weil sie keine hatten – aber die Finnen gaben nichts her, zu wichtig ist ihnen die Lesekompetenz. Deshalb heißt Eiscreme tschechisch immer noch *zmrzlina,* und das Land lag bei der Pisa-Studie auf Rang 19. Vor Deutschland?

Jaa-aa.

LUSTMÜHLE

Eines Tages wurde (von Herrn H. aus Weil im Schönbuch) das Wort »Lustmühle« eingeliefert, was mir gut gefällt, einfach wegen der Wortkombination, die uns auffordert, das Lustvolle an der Mühle, aber auch das Mühlenhafte an der Lust zu entdecken.

Wobei H. dieses Wort in der Schweiz fand. Er war dort unterwegs und fuhr oft mit der Bahn die Strecke St. Gallen – Appenzell. Dort gibt es viele kleine, wenig frequentierte Stationen, an denen die roten Appenzeller Bahnen nur halten, wenn der Fahrgast einen Knopf gedrückt hat, über dem steht: »Halt auf Verlangen.« Und dort, in Appenzell, gibt es eben einen Bahnhof namens *Lustmühle*, der von einer zurückhaltend-mechanischen Ansagestimme folgendermaßen angekündigt wird: »Nächster Halt Lustmühle. Halt auf Verlangen.«

MAAUUS

Als im Juni 2000 die letzte Sequenz des menschlichen Genoms entschlüsselt worden war, fand man sechs Seiten der *FAZ* bedeckt mit dessen Datensatz: GAGGAT GTGGAG AAATAG GAACAC ... Zwei Jahre später hatte man dann das Erbgut der Maus entziffert und im Internet veröffentlicht. Man hätte sich gewünscht, dass auch in diesem Fall eine Zeitung die Sensation dokumentiert hätte. Oder dass wenigstens im neuesten Micky-Maus-Heft was zu sehen gewesen wäre. Könnte nicht die *Sendung mit der Maus...*? Nein, schade. Wie gerne hätten wir gelesen: MAAUUS UAMMSS SAUMAU MAUMAS...

MENISCO

Kürzlich fuhren wir in das italienische Dorf, in dem Paolas Großvater lebte: Paola, Luis, meine Krücken und ich. Meine Krücken? Ja, immer noch leide ich an meinem Ermüdungsbruch im rechten Schienbein, Folge übertriebenen Joggens. Immer noch gehe ich an Krücken. Immer noch erkläre ich jedem, der mir begegnet, wie ich mir die Verletzung zuzog, wie lange die Heilung dauert, warum ich keinen Gips habe … Auch in Italien tat ich dies gegenüber den vielen Dorfeinwohnern, mit denen Paola bekannt oder verwandt ist und die daher auch mich kennen.

Und das, obwohl ich fast kein Italienisch spreche.

Ich hatte mir vor meinem ersten Gang durch die Gassen mithilfe eines Wörterbuches ein medizinisches Bulletin formuliert, aufgeschrieben und auswendig gelernt, das ich jedem vortrug, dem ich begegnete: »Ho sofferto una rottura sotto il ginocchio«, sagte ich. »Ma l'osso non è completamente rotto – ci sono invece numerose piccole fratture interne. Una ferita sportiva.« (Das heißt: »Ich habe einen Bruch unterhalb des Knies. Aber der Knochen ist nicht ganz gebrochen – es sind mehrere kleine Brüche drinnen im Knochen. Eine Sportverletzung.« Gut, was?)

Das Wort »Ermüdungsbruch« hatte ich im Wörterbuch nicht gefunden. Wörtlich hieße es vielleicht *frattura di affaticamento*. Aber wörtliche Übersetzungen zeitigen fast immer verheerende Ergebnisse. Neulich fand ich auf einer Autofähre den Satz *Aria condizionata, chiudere la porta!* übersetzt mit: »Die Klimaanlage machen die Tür zu.« Und im Internet hatte der Übersetzungsautomat eine amerikanische Seite mit der Überschrift *How to cook italian* in den deutschen Satz »Wie man Italiener kocht« übertragen.

Immer wenn ich mein Communiqué abgespult hatte, lächelten die Italiener und sagten: »Ah, menisco!«

»No … no menisco!«, begann ich zu stottern, nun auf mein Spontan-Italienisch angewiesen, zeigte aufs Schienbein und sagte: »Quest'osso e rotto, dentro…« (Dieser Knochen ist gebrochen, drinnen…) Ergebnis war, dass man mir freundlich-nachsichtig auf die Schulter klopfte und seiner Wege ging. Ich gelte wohl als deutscher Dorftrottel, über dessen italienische Stotter-Auftritte man sich noch Monate schenkelschlagend amüsiert. Beim nächsten Spaziergang integrierte ich deshalb nach neuem Wörterbuchstudium das Wort »Schienbein« *(lo stinco)* in meinen Vortrag und verfeinerte ihn so erheblich. Kaum war ich fertig, sagte mein Gegenüber: »Ah, menisco!«

»Noooo!«, schrie ich den Verdutzten verzweifelt an. »Niente menisco! Menisco va bene!«

Ich setzte mich auf der Piazza ins Café und trank einen Cappuccino. Meine Krücken lehnte ich an einen Stuhl. Ein Bekannter kam vorbei. Ich ratterte meine zwei Sätze hinunter. Er antwortete: »Ah, menisco!« Wie wäre es, dachte ich, wenn die Italiener und ich einen Vertrag schlössen: Bis zum nächsten Jahr verbessern sie ihre medizinischen Kenntnisse, ich lerne dafür Italienisch. Dann überlegte ich, ob ich es machen sollte wie die Taubstummen, die in Lokalen Feuerzeuge und Zettel auf jeden Tisch legen, auf denen steht: »Bin taubstumm und verkaufe das Feuerzeug für drei Euro.« Ich könnte einen Zettel mit mir führen, auf dem stünde: »Ho sofferto una rottura…« Mit dem Zusatz: »Il menisco è intatto.« (Der Meniskus ist intakt.)

Bald kam Luis mit zwei Freunden vorbei. Er rannte weiter, um auf der Piazza Ball zu spielen. Die Freunde fragten, ob sie meine Krücken leihen dürften. Ich erlaubte es. Sie übten Krücken-Gehen und benutzten die Dinger als Gewehre, bis Luis mitspielen wollte.

Drei Buben, zwei Krücken.

»Er ist mein Vater! Es sind meine Krücken!«, schrie Luis.

»Aber er hat sie uns geliehen!«, schrien die anderen.

Sogleich entbrannte eine Schlägerei, bei der die Kinder mit den Krücken aufeinander einhieben. Einen Moment lang wünschte ich mir drei Beine, drei Arme, drei Krücken. Dann hinkte ich zu den Kindern, um ihnen die Dinger ab-zunehmen. »Geht Fußball spielen!«, sagte ich. Ging an Krücken zurück zu meinem Kaffee. Vorbei an einem Tisch mit einem Bekannten. Was ich für eine Verletzung hätte, fragte er. Ich setzte zum 35. Bulletin an, stoppte dann und sagte nur kurz: »Ah, menisco.«

MENSCH

Wahlkampfzeiten erkennt man daran, dass plötzlich immerzu von »den Menschen« die Rede ist.

»Die Menschen«, das sind wir, oder?

Der Thüringer CDU-Generalsekretär Mohring hat zum Beispiel in einem Wahlkampf gesagt: »Wir müssen den Menschen vermitteln, dass wir sie mitnehmen.« Und von Angela Merkel hat man damals gelesen, sie finde es wichtig, »die Menschen in ihrer Lebenswirklichkeit abzuholen«.

Dazu mal eine Bemerkung: Wir möchten nicht abgeholt werden. Wir möchten auch nicht mitgenommen werden, zu keiner Uhrzeit. Wir bleiben, wo wir sind. Wir reisen, wohin wir möchten. Wir lassen uns nur von Leuten mitnehmen, die wir mögen. Damit das klar ist.

In der Lebenswirklichkeit abholen! So weit kommt's noch.

MISCHDÜNGER

Herrn E. aus Wuppertal wurde eines Tages während eines Urlaubs auf Rhodos eine Nachspeise namens »Mischdünger« angeboten, seltsam, aber wahr. Ich berichtete darüber, worauf mich Herr A. aus München, »altfilologe und grieche«, brieflich auf die »total verschiedene etymologie und ursprüngliche bedeutung der Wörter ›Kompost‹ und ›Kompott‹« hinwies. *Kompost,* das in allen europäischen Sprachen (außer in Deutsch und Französisch) Nachtisch bedeute, komme vom lateinischen *compositio,* also *Mischung.* Das liege daran, dass die Römer als Nachspeisen allerhand Käse, Nüsse, Früchte zu sich genommen hätten, und zwar in allen Variationen und Mischungen. Kompost, so A., sei also »die richtige bezeichnung« für Nachtisch. *Kompott* hingegen gehe auf das lateinische *compotor* zurück, das ist der *Zechgenosse.* Das liege daran, dass man zu Zeiten der Franken und Germanen ein Mahl nicht mit einem Nachtisch, sondern einem Besäufnis beendet habe.

Sodass wir also heute, möchte ich anfügen, wenn wir Kompott essen, in Wahrheit Kompost (oder eben Mischdünger) speisen, wenn wir das Essen aber mit einem Schnaps beenden, in Wirklichkeit Kompott zu uns nehmen.

MITTE

Über das Wort »Mitte« macht sich unsereiner ja normalerweise keine großen Gedanken, die Mitte, nun ja, sie ist eben
in der Mitte.

Und? Weiter?

Dann habe ich aus irgendeinem Grund jahrelang aus den
Zeitungen Sätze ausgeschnitten, in denen das Wort »Mitte«
vorkam. Und jetzt kann ich sagen: Je mehr Sätze ich hatte,
desto weniger wusste ich, was das ist: Mitte. Ehrlich gesagt,
glaube ich, kein Mensch weiß das.

Im Jahr 2002 veranstaltete die SPD zum Beispiel einen
Kongress über »Die Mitte in Deutschland«. Vor dem Kongress hatte die Partei in Inseraten behauptet, die Mitte sei
rot. Kaum aber hatte der Kongress begonnen, sagte Gerhard
Schröder zu seinem Müntefering: »Sie ist doch blau, Franz.«
Und deutete auf ein Plakat hinter sich, auf dem ein Stein in
blaues Wasser gefallen war und Wellen sich ausbreiteten.

Die Mitte – ein Stein? Deutschland – ein Teich?

Zu Recht sprach später der Politologe Dettling in der *Woche*
vom »Zauber der Mitte«. Man wird nun aber darauf hinweisen müssen, dass, wer die Mitte von etwas finden will,
das Ganze kennen muss. Zauber der Mitte: immer auch der
Zauber Deutschlands.

Schröder sagte dazu, er sei »nicht in die Mitte hineingebo-
ren worden«, sondern habe sich vom »unteren Ende« hin-
aufgearbeitet, bis zur Mitte eben. Was geschieht dort? »Von
der Mitte aus wird die Gesellschaft politisch geführt.«

Das kann nichts anderes heißen, als dass er sich Deutschland als eine Art Turm vorstellt – und nicht als Teich, wie Müntefering. Vielleicht ist es so, dass der Turm an einem See steht? Dass der damals, 2002, Regierende aus seiner Turmmitte Stein auf Stein ins Wasser warf, immer neue Mitten bildend, den davon ausgehenden Kreisen nachsinnend?

Betrachten wir nun das Mitte-Bild Angela Merkels. Sehr anders als Schröder entwirft sie kein vertikales, sondern ein horizontales Deutschland: »Ganz klar: Die Mitte ist rechts von links«, schrieb sie – als tief durchdachte Zuspitzung einer mäandernden Gedankenfolge – vor Jahren in der *FAZ* in einem zu Recht unvergessenen Aufsatz.

Sie schrieb aber auch: »Die Mitte hat Wurzeln.«

Und: »Die Mitte will Bewegung.«

Ja sogar: »Die Mitte *ist* Bewegung.«

Was für ein poetisches, berückendes Bild! Die Mitte als Pflanze, sich bewegend und doch verwurzelt, ein quasi auf der Stelle tanzendes Bäumchen. Seltsam passend Schröders Anmerkung, auch er verstehe die Mitte als »nichts Statisches«.

Welcher Metaphernfluss doch aus der Mitte entspringt! Wie gerade die Unklarheit über den Begriff das zart Empfindende, die gefühlshafte Tiefe, das Suchende und Raunende in unserem Leitpersonal und den politischen Spitzengrüblern weckt!

Die Mitte gleiche »einem Acker, den man erst bestellen muss«, sagte Dettling, der Politologe, sie sei »launisch und anspruchsvoll«. Die Mitte sei »ein flüchtiger Ort«, äußerte der Trendforscher Wippermann, »ein Weg«, so Friedhelm Hengsbach, »eine Aufgabe«, so wieder Dettling. »Die Mitte ist weiblich«, las ich als Überschrift in der *Zeit*.

Ach, Mitte, du flüchtiges Wasser, du rotes Weib, du launischer Acker … Es ist der reine Wahnsinn, aus dem Angela

Merkel sich dann auf einem CDU-Parteitag 2007 mal einen Weg zu bahnen suchte, auf der Suche nach einer neuen Einfachheit sozusagen. »In der Mitte sind wir und nur wir. Wir sind die Mitte. Wo wir sind, ist die Mitte.«

»Basta«, wie Gerhard Schröder gesagt hätte.

»Mitte«, wie Angela Merkel immer sagt.

»Die machen ja doch, was sie wollen«, wie der Mann auf der Straße findet.

»Uns trieb die Sehnsucht, uns trieb nicht Ruhm und Geld, uns trieb die Sehnsucht zum Mittelpunkt der Welt«, wie die Puhdys sangen.

»Mitte«, wie Angela Merkel sagt.

»... die schöne Mitte, / Wo die Menschheit fröhlich weilt«, wie Schiller dichtete.

»Schluss jetzt!«, rufe ich.

»Mitte«, sagt Angela Merkel.

»Schnauze!«, rufe ich.

»Mitte«, sagt Angela Merkel.

MONTAGE

Aus Engelskirchen schriebt Frau B., dass sie als Kind in Bergheim/Erft lebte, wo es eine Panzerfabrik gab, die auf einer großen Tafel bekannt gab, sie suche »Arbeiter für MONTAGE«. Das habe sie eigenartig gefunden, dass man Arbeiter suche, die nur an einem Tag in der Woche und nur montags arbeiteten; erst ihr Vater habe ihr die Sache dann erklären können. (Sonst wären ja auch, Anm. d. Verf., alle Montage Dienst-Tage gewesen und die anderen Wochentage Frei-Tage.)

Frau T. aus München meldet sich mit Brief Nummer zwei, der den Satz aus einer Rundmail im Physik-Departement der TU enthält, in welcher den »lieben Mitarbeitern« mitgeteilt wird: »... wenn Sie größere Geräte wie z.B. Aufdampfanlagen entsorgen, müssen Sie vorher zerlegt werden.« Frau T. schreibt, sie müsse nun immer wieder über die armen Menschen nachdenken, die sich zerlegen lassen müssen, nur weil sie z.B. eine Aufdampfanlage entsorgen wollen. Wahrscheinlich, schreibt sie, »gibt es bei uns auch eine Abteilung, wo man das macht: Physiker zerlegen und nachher wieder zusammenbauen«.

Falls nicht, empfehle ich, Arbeiter für Montage zu suchen.

MPFPLAN

Viele sehr schöne Wortstoffwörter entstehen, indem man eigentlich zusammenhängende Buchstaben voneinander trennt, zum Beispiel die in einschlägigen Kreisen mittlerweile berühmten Blumento-Pferde oder der zum Baden ladende Alpeno-Strand.

Frau H. aus Celle fand in einem Artikel über das Kaufverhalten Jugendlicher den Begriff »Kleiderkaufalter« so getrennt: Kleiderkau-Falter. Womit ein neues Wort für »Motte« gefunden wäre, auch wenn der Verfasser was anderes meinte.

Dann gibt es ja diese Schalter, die in Lampenkabel eingebaut sind und mit deren Bedienung, ganz nach Bedarf, der Stromlauf geschlossen oder unterbrochen wird. Man nennt sie »Schnurzwischenschalter«. Leserin T. aber las dieses Wort so: »Schnurz-Wischen-Schalter«. Sie schrieb mir und fragte, was das sei, ein »Schnurz-Wischen-Schalter«?

Und ich grübelte: Waren es die Herren Schnurz und Wischen, die den Schalter gemeinsam erfanden? Geht es um die wischende Handbewegung beim Betätigen des Schalters und das dieser Handbewegung folgende schnurzende Geräusch? Es hat eine Viertelstunde gedauert, bis ich verstand: »Schnur-Zwischen-Schalter«.

Immer wieder bekomme ich Briefe zu dem Wort »Rohrohrzucker«, das man oft auf Lebensmittelpackungen findet. Rohr-Ohr-Zucker. »Ist das etwa der Zucker, den man sich per Rohr ins Ohr blasen lässt?«, fragt Herr E. aus Braunschweig. Oder Zucker, der, im Gegenteil, »aus dem Ohr durch ein Rohr rieselt«? (Wie Herr S.-H. zu bedenken gibt, der über den Begriff während einer Zugfahrt von Berlin nach Oldenburg stolperte.) »Wächst das aus den Ohren, wenn man Müsli isst?«, fragt schließlich Frau M. in einer Mail.

Oder ist es Roh-Rohr-Zucker?

Gott, wie langweilig, das kann nicht sein.

Wenn wir gerade bei Lebensmitteln sind: Dr. P. aus München war als Lebensmittelchemiker tätig und entdeckte dabei ein Wort, das sich tief im Getreidegesetz versteckte, wie sich unbekannte Tierarten im Dschungel verbergen. Das Wort heißt »Gengemenge« und befand sich, bis Dr. P. es mithilfe komplizierter chemischer Verfahren von seinem Umfeld trennte, mitten in »Roggengemengemehl«.

Und Leser G. schrieb, der Kinderarzt seines Sohnes nehme an einer Studie zur Erprobung eines neuen Impfstoffes teil und verschicke deshalb an seine Patienten Rundschreiben, in denen das Wort »Routine-Impf-Plan« vorkomme, über welches nun wieder G. stolperte und welches sich unter seiner längeren Betrachtung langsam veränderte, sodass aus »Routine-Impf-Plan« nämlich plötzlich »RoutinEimpfplan« wurde. Er schrieb mir: »Jedenfalls dachte ich beim Lesen dieses Wortes sofort an Sie. Vielleicht haben Sie für dieses Wort ja irgendwann eine Verwendung.«

Hier haben wir den Gedanken des Wortstoffhofes *in nuce*. So soll es sein: Wörter, die man selbst nicht benötigt, weitergeben an andere! Ich finde allein schon den Wort-Teil »Routinei« sehr schön, klingt er doch nach einem fernen und doch sehr nahen Land (ähnlich der Transkei oder der Wallachei), in dem wir alle zu viel Zeit verbringen. Das Land der langweiligen Routine, des immer Wiederholten. Das Land, in dem wir, über Mpfplänen gebeugt, angeödet unsere Arbeit verrichten.

NAUM

Als die kleine Sophie sprechen lernte – das war ein hoch-
interessanter Vorgang. Das Sprechenlernen begann nämlich
so, dass sie einzelne Wörter formte, die nichts bedeuteten.
Jedenfalls nichts für uns Erkennbares.
Hängü. Ababkih. Abábetschih. Krodgra. Guhdgäh. Nuna.
So hat es bei uns allen angefangen. Und man fragt sich, wo all
die Wörter geblieben sind, die wir mit anderthalb so vor uns
hin sprachen. Wie kann es sein, dass so viele Wörter Tag für
Tag geboren werden, um dann sang- und klanglos wieder zu
verschwinden? Müsste man nicht auch diese nichts bedeu-
tenden Begriffe aufbewahren? Vielleicht kann man sie eines
Tages brauchen? Ist denn ein Wort nichts wert, bloß weil es
nichts bezeichnet? Was ist das für ein blödes, kapitalistisches
Nutzdenken? Ich fordere Archive und *Dictionarys* auch für
Wörter, die nichts heißen! Es wäre eine einzigartige Fund-
stätte. Denn jeden Tag gibt es auch neue Gegenstände, die
keinen Namen haben – hier könnte man nach Bezeichnun-
gen suchen und müsste sich nicht erst welche ausdenken.
Nuna, das wäre zum Beispiel ein schönes Wort für einen
Kleinwagen. *Der neue Ford Nuna ist da.*
Und wenn man eines Tages eine hirngesteuerte dritte Hand
erfinden würde, die man sich nur anschnallen muss und
schon funktioniert sie – auf Bulgarisch könnte man sie
Krodgra nennen und auf Türkisch *Hängü*. (Übrigens sollte
man sie bald erfinden, ich brauche sie dringend, weil man
Sophies faltbaren Kinderwagen nur mit drei Händen aus-
einanderfalten kann.)

Paola hatte ein Baby-Wörterbuch gekauft, da trug man das richtige deutsche Wort ein und auf der anderen Seite das, was das eigene Baby dazu sagt. Umgekehrt ging es leider nicht, man konnte also nicht *Hängü, Ababkih, Abábetschih, Krodgra, Guhdgäh* und *Nuna* nachschlagen und sehen, was Sophie damit vielleicht doch gemeint haben könnte.

Paola schrieb also links das deutsche *Auto*, rechts *Oddo*, das war sophiehisch. Links *Arm*, rechts *Amm*. Links *Hunger*, rechts *Unga*.

Ein paar Wörter hatte der Wörterbuch-Verlag schon vorgedruckt, aber man wunderte sich, was die Kinder von Wörterbuch-Redakteuren anscheinend so alles können. Sie haben Wörter für Indianer, Qualle und Xylofon, da kommen wir nie hin. Woher soll ich eine Qualle oder einen Indianer bekommen, damit sich Sophie ein Wort dafür ausdenken kann?

Einmal stand die Sophie am Fenster und schaute hinaus. Plötzlich schrie sie aufgeregt: »Naum! Naum! Naum!« Und zeigte mit dem Finger hinaus.

Ich sah nichts, was sie hätte meinen können. Worum ging es ihr? Wollte sie nach Naumburg reisen? Ging ein Herr namens Naum die Straße entlang? Oder (vielleicht weil damals ein Mädchen aus der Mongolei in Luis' Klasse ging und oft bei uns zu Besuch war) könnte Naum zum Beispiel das mongolische Wort für jenes spezifische halbstündige Dämmerlicht kurz vor Einbruch der richtigen Dunkelheit sein?

Nach einer Viertelstunde erst verstand ich: Da unten spielte eine Katze, und die Katzen machen Miau, und das heißt eben *Naum* bei Sophie. Oder, bitte, wenn wir zusammen noch einmal genau hinhören: Machen die Katzen nicht in Wahrheit *Naum*? *Naaaaaum...*?

NICHTS

Eines Tages rief Herr S. aus Überacker die Homepage eines großen Buchversandhändlers auf und wurde dort folgendermaßen begrüßt:

»Willkommen, ! Hier sind Ihre persönlichen Empfehlungen. (Wenn Sie nicht sind, klicken Sie bitte hier.)«

So etwas kann einen ins Grübeln stürzen. Da ist dieses Komma nach dem »Willkommen« (ein Willkomma sozusagen) und der kleine Zwischenraum vor dem Ausrufezeichen, der einem das Gefühl gibt, der Buchversandhändlercomputer hätte einen gern mit Namen begrüßt, dann sei ihm aber der Name nicht eingefallen – irgendwie tröstlich, nicht wahr?: dass auch ein Buchversandhändlercomputergedächtnis nicht perfekt ist und dass es dieser Unperfektion sogar Ausdruck gibt durch ein Komma und einen Zwischenraum.

Übrigens erinnert mich dieses Komma an ein anderes Komma, ein fehlendes. Herr B. aus Sonthofen schickte Post, in der er von einem Erlebnis im Supermarkt berichtete. B. füllte dort große Mengen von Pfandflaschen in den Pfandautomaten, bis dieser, wie oft, blockierte und die Arbeit einstellte. Anschließend hörte B. plötzlich aus dem Lautsprecher die Durchsage: »Frau Z. hat sich erledigt, Frau Z. hat sich erledigt, vielen Dank!«

Auch hier: Grübeln. Wer war Frau Z.? Warum hat sie sich erledigt? Wegen des ewig kaputten Pfandautomaten? Warum bedankte sich die Lautsprecherstimme dafür, dass Frau Z. sich selbst erledigt hatte? Wo überhaupt? Im Pfandautomaten? Hatte der Pfandautomat am Ende blockiert, weil Frau Z. ... Ächz!

Die Lösung lag im fehlenden Komma. Der Ansager hätte es quasi mitsprechen oder durch einen kleinen Zwischenraum ersetzen müssen: »Frau Z., hat sich erledigt, vielen Dank.« Dann wäre klar gewesen, dass die Ansage sich an Frau B. richtete: Danke, Frau Z., Sie müssen wegen des vorhin besprochenen Problems nicht mehr kommen, es hat sich erledigt: das Problem.

Zurück zum Buchversandhändler. Auch hier lauert in einem winzigen Satz das Grauen: »Wenn Sie nicht sind, klicken Sie bitte hier.«

Man fragt sich: Warum sollte ich nicht sein? Ich sitze hier! Und wenn ich nicht wäre, wie könnte ich klicken? Was geschähe, wenn ich nicht wäre, aber dennoch klickte? S. tat's, er klickte, *hier* – worauf ihn der Buchversandhändler zur Anmeldung aufforderte – vollends absurd, denn was sollte ein Nicht bestellen? Joachim Fests unter dem Titel *Ich nicht* erschienene Erinnerungen?

Dann las ich ein Interview mit dem Physiker Günther Hasinger, der sich mit Fragen der Weltentstehung beschäftigt. Hasinger sagte: »Wir müssen uns von der Vorstellung frei machen, das Nichts sei leer. Im Gegenteil: Das, was wir als Nichts bezeichnen, ist der höchste Energiezustand des Universums. Es ist an manchen Stellen bis zum Zerreißen mit Spannung erfüllt, ähnlich wie die Schoten der Rühr-mich-nicht-an-Pflanze. Die kleinste Störung, der Hauch einer Berührung führt dazu, dass die Schoten platzen und die Samen herausschleudern. Im übertragenen Sinne kann man sich den Urknall durchaus wie ein solches Aufplatzen vorstellen.«

Großartig, dachte ich und stellte mir das Nichts als etwas

äußerst Cholerisches vor, das eine Ewigkeit lang vor sich hin brummelt, um plötzlich in gigantischem Zorn zu explodieren. Der Urknall – ein Wutanfall Gottes?

Nennt nicht Paola mich oft einen Choleriker? Bin ich also ein Nichts? Bin ich nicht?

Übrigens nennen ja manche Leute auch die Mimose Rühr-mich-nicht-an-Pflanze, wobei deren Fiederblättchen bei Berührung nicht explodieren, sondern sich im Gegenteil zusammenrollen, sodass das Nichts quasi zum Garnichts würde. Was hingegen bei Berührung, ja, dem leisesten Anklicken sofort in die Luft geht, sind die Schoten des Springkrauts, der wirklichen Rühr-mich-nicht-an-Pflanze, die es bei uns als Echtes, gelb blühendes und einheimisches Springkraut gibt, aber auch als Drüsiges Springkraut, aus Asien zugewandert und ausgewildert, seit Jahren, rosa blühend, alle deutschen Ufer und Waldränder zuwuchernd, ein drüsig-bedrohliches Nichts, dessen Samen übrigens leicht nussig schmecken sollen und die ich mir irgendwie kommaförmig vorstelle.

Worum ging es noch mal in diesem Text? Ach, nichts. Hat sich erledigt.

NO-NONSENSE

Im Tchibo-Warenkatalog vom Juni 2007 stellte »Deutschlands angesagtester Designer«, Herr Michael Michalsky, seine extra nur für Tchibo entworfene Kollektion vor, welche, um es in den Worten von Michalsky zu sagen, nicht »schräge Sachen für ein paar Weirdos« enthielt, sondern eher »No-Nonsense-Mode«, also Kleidungsstücke wie (aus dem Katalog zitiert) »Surf Shorts, Beach Slippers, Hooded Sweaters, Track Tops, Jogging Minis, Tank Tops, Track Pants, Woven Belts…«

Herr L. aus Hamburg, der mir den Katalog schickte, schrieb, er habe Jahrzehnte bei der deutschen Tochter eines amerikanischen Unternehmens gearbeitet, wundere sich über gar nichts, »aber der massive Einsatz, das Einsprenkeln englischer Wörter in diesem Katalog hat mich doch überrascht«. Ist es nicht überhaupt eher ein »Einsprenkeln« deutscher Wörter in einen englischen Zusammenhang? Als jedenfalls Michalsky im Interview mit dem Satz zitiert wird, zwar seien »die 80er« seine geistige Heimat, »nur laufe ich heute nicht mehr als Boy-George-Lookalike durch Bad Oldesloe«, da überlege ich tatsächlich, was Oldesloe auf Deutsch heißt und warum es so schlecht ist – *Bad* klingt hier, als verhalte es sich zu *Oldesloe* so ähnlich wie *Old* zu *Shatterhand.*

Dann fällt mir ein, dass vor Jahren Menschen gefragt wurden, was der damalige SAT 1-Slogan *Powered by emotion* wohl bedeute. Sehr viele mutmaßten, es heiße »Kraft durch Freude«. Und dass Frau F. aus Berlin mir in einem Brief von der schönen Übersetzung des alten Marvin-Gaye-Hits *I heard it through the grapevine* berichtete: Ich hörte es durch das Grab weinen.

Das Englische ist aber auch eine schwer zu verstehende Sprache, wie eigentlich alle Fremdsprachen. Und um in diesem Zusammenhang noch mal auf Michalsky zurückzukommen: Er wird aufpassen müssen, dass in den vielen Tchibo-Filialen im Lande nicht das geschieht, was Frau Sch. mir in einer, nun ja, *Mail* über ihre Erlebnisse in der Wäscheabteilung eines großen Kaufhauses berichtete. Sie habe dort eine Verkäuferin gefragt, wo sie hier einen *Neckholder-BH* bekommen könne. (Den wollte sie unter einem *Neckholder-Top* tragen, früher hieß das »rückenfreies Oberteil«). Die Verkäuferin habe ihrer zehn Meter entfernten Kollegin zugerufen: »Du, Inge, wo haben wir unsere *Snackholder-BHs?*«

OBERBEGRIFF, ÜBERBACKEN

Einige sehr schöne Wörter bekam ich von Herrn B. aus Konstanz. Er entdeckte sie in einem Restaurant in Mittelbergheim/Elsass, wo es zum Beispiel das Gericht »Vom Fuss Schwein, Vinaigrette im Rechtsanwalt« *(Croustillant de pied de porc, Salade mesclun à l'huile avocat)* gibt, und in einem Lokal in Barr/Bas-Rhin, wo man einen *Gratin de fruits de mer* verspeisen kann, das ist laut Speisekarte in unserer geliebten Landessprache, bitte sehr: »Überbackener Oberbegriff für Schalen- und Krustentiere«.

So etwas liebt der Sprach-Gourmet. Überbackene Oberbegriffe! Geröstete Substantive! Ein Soufflé von Verben! Pochierte Präpositionen!

ÖKTÖBÄRFÄST

Herr H. aus Huglfing ging seine Büropost durch und fand
auf der Rückseite einer Versicherungsrechnung folgende
Sätze: »Um die international erfolgreiche Marke ›Zurich‹
zu stärken, verzichten wir auf die im deutschen Sprach-
gebrauch üblichen Ü-Punkte in der Schreibweise: aus
Zürich Versicherung Aktiengesellschaft (Deutschland) ist jetzt
Zurich Versicherung Aktiengesellschaft (Deutschland) geworden.
Für Sie ändern sich dadurch weder die Vertragsinhalte noch
Ihr Betreuer vor Ort.«
H. fragt, ob nun demnächst auch München zu Munchen
werde, dann Nurnberg und Furth folgen würden, ah, wur-
den – oder ob es noch Hoffnung für die Umlaute gebe...
Ich glaube es nicht, Herr H. Die Älteren unter uns erinnern
sich ja noch an die Zeiten, als wir das Öktöbärfäst feierten.
Alles dahin, nur um die internationale Marke zu stärken:
Oktoberfest. Und die Zelte sind voll mit Australiern, Italie-
nern, Amerikanern, Engländern – alles Leute, denen unsere
Umlaute schnurzegal sind, nur unser Bier wollen sie.
Haben wir nicht unsere Säle verkauft?

ON TOUR

Einmal, das ist schon eine Weile her, wohnte ich in Berlin im Hotel. Auf dem Nachtkästlein lag: *Bonnes Vacances – Zeitschrift für VIP-Reisen*. Ich blätterte vor dem Einschlafen darin. Die Chefredakteurin schrieb an die Leser: »Ich war für Sie ›on tour‹ in Gebieten, die beeindruckend waren und die ich Ihnen gern ans Herz legen würde.«

Welche Gebiete würde *Bonnes Vacances* an mein Herz legen, dachte ich. Wo mag die Redaktion »on tour« gewesen sein? Ich entdeckte, dass sie die halbe Welt bereist hatte, das Golf-Eldorado Arizona zum Beispiel, wo man »traumhaft einlochen und abschlagen« kann (in der Reihenfolge!), Arizona, »das Paradies für spektakuläre Abschläge und wo der Gold-Rausch zum Golf-Rausch wurde – mit den Indianern auf DU und DU«, so die Überschrift.

Auch erreichte eine *Bonnes-Vacances*-Expedition die kroatische Insel Susak, »die überwiegend aus Gestein und Erde besteht«, sowie ein Eiland, über das ich las: »Herrliche, einsame Strände findet man auf der Insel Dugiotok, dessen Leuchtturm mit 100.000 Eigelb zusammengekittet worden sein soll; außerdem leben hier Mufflons.«

In Riga fand man heraus: »Essen hat in Lettland eine lange Tradition.«

Über Los Angeles: »Die ethnische Zusammensetzung der Bevölkerung ist außergewöhnlich. Ohne Auto und einen guten Stadtplan ist hier nichts zu machen.«

Die Malediven? Darüber dieses: »200 Korallenarten gibt es im Gebiet der Malediven, die ideale Bedingungen finden, um sich vermehren zu können, nämlich Wassertemperatur, Licht und Nährstoffe.« Kleine Krebse lebten da, »die um ihr Leben rennen, sobald sie einen entdecken« – in heller Furcht, von *Bonnes Vacances* beschrieben zu werden, nehme ich an.

Ich dachte: Wie groß die Vielfalt der Welt ist! Aber alle Vielfalt nützt nichts: Hier wird mit großem Einfaltspinsel immer das gleiche Bild gemalt. Wo Abgesandte von *B.V.* ankommen, beginnen sich die Dinge gespenstisch zu ähneln. Überall gibt es zum Beispiel einen Ort, der »zum Verweilen einlädt«, in Südafrika ist das »Victoria Falls Hotel«, in Split die Hafenpromenade, in Riga sind es die Spezialitätenrestaurants. Und irgendwas »pulsiert« immer, meistens das Leben (in Tunis und in Jerez de la Frontera), aber auch die Metropolen: Johannesburg, Kapstadt. Und stets gibt es was, das »besticht«: Karthago besticht »mit« seinen Ruinen, Bizerte besticht »durch« den alten Hafen, Sibenik besticht »durch« seine Lage, Rigas Altstadt besticht »mit« prächtigen Häusern, das Hotel »Downtown LA Standart« besticht »durch« außergewöhnliches Design.

Wer bestochen wird, erfährt man nicht.

Besticht einmal nichts, »fasziniert« etwas. Fasziniert nichts, »beeindruckt« etwas. Beeindruckt nichts, lässt etwas »so manches Herz höher schlagen«.

Und immer ist alles »pur«. Auf den Malediven ist die Entspannung pur, in Arizona ist es das Golf-Spielvergnügen, im Thalassobad wieder die Entspannung.

Bonnes-Vacances-Leute reisen mit 80 Wörtern um die Welt. Faszinierend, wunderschön, herrlich, farbenprächtig, stimmungsvoll, wunderbar, verträumt – das sind so die wichtigsten. Zwischen ihnen baumelt die Seele, immerzu baumelt irgendwo eine gottverdammte Seele! Wer hängt bloß überall Seelen hin, dass sie so baumeln!? Ach, Tucholsky, hätten Sie das geahnt!

Das Lieblingswort der Redaktion ist: malerisch. Nichts ist davor gefeit, malerisch zu sein, nicht Strände, nicht Hafenstädte, nicht Gassen, nicht Sonnenuntergänge, nicht Landschaften, nicht Küsten, nicht Fassaden, nicht die Tapa-Bars von Jerez, nichts, gar nichts. Nur in Male, der Hauptstadt der Malediven, hat man nichts malerisch gefunden, seltsam. In München gibt es so viel Münchnerisches, warum in Male nichts Malerisches?

Kurz bevor ich einschlief, las ich ein Inserat in der Zeitschrift. Da wurde für eine Klinik geworben, in der man Schönheitsoperationen macht, »insbesondere die beliebten Brustvergrößerungen und -verkleinerungen«. Ich las: »Gegenüber dem Europa-Center befindet sich in der 4. Etage des Salamanderhauses die elegante, staatlich konzessionierte Privatklinik Lacomed für ambulante und stationäre Operationen der Klinikleiterin Frau Sema Öczan, die nebenbei noch im Fernsehen bei TD 1 moderiert…«

Ich schlief ein und träumte von malerisch operierten Brüsten, zwischen denen eine Seele baumelte.

PANINI

Seit vielen Jahren gibt es bei meinem Bäcker um die Ecke eine Art großer, länglicher Semmeln, die früher immer irgendeinen Namen hatten, den ich vergessen habe, könnte sein, dass es »Krusties« war. Ich habe das Wort nie im Leben über die Lippen gebracht, »Krusties« kann ich einfach nicht sagen, ich bekäme dann einen Lippenkrampf. Immer sage ich: »Zwei von den großen Semmeln dort.«

Jedenfalls: Neuerdings heißen diese Semmeln »Panini«, ein Wort, das ich aber auch nicht benutze, ich weiß nicht, warum. Immer noch sage ich: »Diese großen Semmeln dort.«

Und die Verkäuferin sagt: »Ja, Panini.«

»Ja«, sage ich.

Aber neulich, ich weiß nicht, warum, ging ich doch in den Bäckerladen und sagte: »Ein Panino, bitte.«

»Des san Panini«, sagte die Verkäuferin, eine rundlich-freundliche Dame.

»Ein Panino, zwei Panini«, sagte ich und hasste mich für meine Besserwisserei. Aber ich konnte nicht anders, es ist der Lehrer in mir, der deutsche besserwisserische Lehrer. So oft bin ich in Italien wegen meines grauenhaften Italienischs gedemütigt worden, endlich wollte ich einmal recht haben. Im Übrigen hatte nicht ich angefangen damit, sondern die Verkäuferin.

»Einzahl, Mehrzahl, wissen Sie«, fügte ich hinzu. »Ein Cappuccino, zwei Cappuccini.«

»Na, na, des is a Panini, bei uns is des a Panini«, sagte sie und warf eine von den großen Semmeln in eine Tüte. »Hier hoaßen's Panini.«

»Hauptsache, sie schmecken!«, sagte ich und zahlte.

»G'wiß schmeckan de«, sagte sie und gab mir Kleingeld heraus.

Hinter mir hatte ein kleiner dicker Mann mit Halbglatze den Laden betreten. Er trug eine kurze Hose und ein rot kariertes Baumwollhemd.

Die Verkäuferin sah an mir vorbei zu ihm und rief: »Ciao, bello!«

PFLUSSFERD

Pferd – das ist eigentlich schwer auszusprechen, nicht wahr? Fast alle Leute sagen: Ferd.

Und dann erst: Flusspferd. Unwillkürlich sagt man Pflussferd, und im Grunde passt das auch besser zu dem Tier, das wenig Pferdehaftes hat, dafür viel Zylindrisch-Klobiges, Walzenförmig-Ungeschlachtes, ein Pflusstier. Sollte man nicht manche Wörter auch in der Schreibung besser dem anpassen, was sie bezeichnen?

Früher hieß das Pflussferd Nilpferd, weil es am Nil lebte. Hier passt das P nach dem L ganz gut, finde ich, Nilpferd, Nilpferd, Nilpferd.

Aber heute gibt es im Nil, am Nil und um den Nil herum keine Pflussferde mehr. Und der World Wildlife Fund berichtet, das Pflussferd stehe vor dem Aussterben – bald braucht man gar keinen Namen mehr, höchstens im Zoo.

Übrigens hat dies Bedrohtsein auch was mit den Wirren im Kongo zu tun, wo der Bestand um 95 Prozent zurückgegangen ist und wohin vor Jahren erstmals deutsche Soldaten reisten, denen man sagen musste, sie sollten vorsichtig sein, wenn sie plötzlich vor einer von Stalagmiten gerahmten Höhle stünden. Es handelt sich in der Regel im Kongo nicht um eine Höhle, sondern um eine aufgesperrte Pflusspferdpfresse.

Übrigens ist es ein neueres Phänomen: Menschen lieben Plussferde so, dass sie ihnen Namen geben wie Knautschke, Bulette, Toni. Dass sie Nilpferdfreunde-Klubs gründen. Nilpferdnippes sammeln. Im Sudan galt das zu ungeheurer

Unfreundlichkeit fähige, Boote umwerfende, Menschen mit messerscharfen Riesenzähnen zerbeißende Wesen früher als Auswurf der Hölle. Und Old Brehm, der am Blauen Nil einmal durch dichtes Dornengebüsch vor einem Wutpferd fliehen musste, bis sein Anzug in Fetzen hing, hielt dem Tier gar seine Essmanieren vor: Es sei beim Verzehr von Wasserpflanzen »eine ekelhafte Erscheinung«, aus dem Maul hingen Ranken und Stängel, »grünlicher Pflanzensaft mit Speichel untermischt läuft beständig über die wulstigen Lippen«, halb Zerkautes werde herausgerülpst und neu verschlungen. Es ist auch wahr, dass dem Hippo-Po unübersehbare Kotmengen entquellen, immer pfff, immer pfff, sodass im Zoo Wasserpferde behaglich in stuhlganggetrübtem Wasser lagern.

Und doch sehen wir Heutigen alles anders. Wir staunen über die Beweglichkeit der Kolosse. Wir wissen, dass man einst aus ihren Zähnen künstliche Menschengebisse machte, weil Pflussferd-Elfenbein im Gegensatz zu dem des, äh, Elepfanten nie gelb wird. Wir lesen, dass Hippo-Babys bei der Geburt aus dem Mutterleib regelrecht herausschießen. Wir freuen uns, wenn Nilpferdhaut glänzt wie ein frisch geputzter Kanonenofen. Wir hören eine Anekdote aus dem Zoo von Halle, wo eine Boxerhündin und ein Pflussferd sich so befreundeten, dass Erstere der Zweiten ins Maul steigen durfte, um das Innere freundlich zu belecken. Ist es ihre Langlebigkeit, die Plussferde so beliebt macht? Oder die unzeitgemäße Inbrunst, mit der sie Pfettleibigkeit zu genießen scheinen?

Wir wissen jedenfalls alles über den Hippopotamus. Aber es nützt keinem mehr. Hippo steht auf der Roten Liste ganz oben, gleich neben dem Orang-Utan, das ist auch so ein Fall, Orang-Utan, kein Mensch sagt Orang-Utan, alle sagen: Orang-Utang – und warum auch nicht?

Wir Deutschen sterben im Übrigen auch aus, und so sind wir, dicker Freund, am Ende in diesem Aussterben vereint, und es wird irgendwann niemand mehr geben, der Pflussferd heißt, aber auch niemand, der noch Pflussferd sagt – und wenn das nicht traurig ist, dann weiß ich auch nicht.

PHRASEALATOR

Lange her, dass alle Menschen eine Sprache sprachen. Bevor sie in Babylon einen viel zu hohen Turm bauten, war das. Der HERR besah sich diesen Turm, aber er gefiel ihm ü-ber-haup-t nicht. Er wurde wütend und rief: »Wohlan, lasst uns hinabfahren und daselbst ihre Sprache verwirren, dass keiner mehr des anderen Sprache verstehe.« So geschah es, 120 Kilometer südlich des heutigen Bagdad.

Seitdem sprechen die Menschen dies und jenes, Arabisch und Hebräisch, Chinesisch und Deutsch sowie verschiedene Sorten Englisch. Mancher spricht zwei, drei Sprachen, Peter Ustinov sprach sogar noch mehr. Andere können nur Englisch, viele amerikanische Soldaten zum Beispiel (→ *ZEE-SIK-KAI-TEN*), oder nur Arabisch, die irakischen Bauern etwa. Der Lauf der Geschichte will es aber, dass sich US-Soldaten und irakische Bauern immer wieder begegnen, in Babylon und um Babylon herum.

Die Soldaten haben für diesen Fall ein schwarzes Gerät, dass sie *Phrasealator* nennen, einen Kleincomputer. Man kann darin einen englischen Satz anklicken, worauf der Apparat diesen Satz auf Arabisch »kreischt«, wie vor Jahren der *Guardian* berichtete. Von einer Möglichkeit, arabische Sätze in englisches Kreischen zu übertragen, ist nichts bekannt, so weit ist die Technik nicht. Wird sie je so weit sein?

In Douglas Adams' *Per Anhalter durch die Galaxis* liest man von einem seltsamen Tier, einem Babelfisch, »klein, gelb und blutegelartig«. Der Babelfisch lebt in den Gehörgängen anderer Wesen, ernährt sich von Gehirnströmen und übersetzt dabei, en passant, alle Sprachen des Weltalls. Das kann der *Phrasealator* nicht. Ohnehin, schrieb der *Guardian*, besitze er keinerlei soziale Fähigkeiten, er könne nur Befehle bellen und nicht zuhören, ein maschinengewordener Rumsfeld.

Ist nicht überhaupt der Apparat ein Symbol für das Verhältnis Amerikas zur Welt in den Bush-Jahren?

Man fragt sich, ob seine Arbeit von einer Qualität ist wie jene der Übersetzungsmaschinen im Internet. Dort gibt es den Translationsautomaten *Babelfish* bei Altavista. Gibt man den Satz ein: »Hello, my name is Bill, can you tell me the way to the next Burger King«, übersetzt der Computer: »Hello, bin ich Rechnung, kann Sie mir die Weise zum folgenden Burger-König erklären?«

Das könnte Adams' Babelfisch besser – aber was wäre gewonnen, verstünden wir uns genau? Dadurch, dass dies Tier alle Verständigungsbarrieren niederriss, schrieb Adams, »habe es mehr und blutigere Kriege auf dem Gewissen als sonst jemand in der ganzen Geschichte der Schöpfung«.

Wie heißt es im Buch Mose: »Da reute es den Herrn, dass er den Menschen geschaffen hatte auf Erden, und es bekümmerte ihn tief.« Altavista übersetzt: »There did it reute the gentleman that it had created humans on ground connection, and it bekuemmerte it deeply.«

POPPENCORKEN

Nicht zu überbieten eigentlich der Brief von Herrn S. aus Neufahrn, der vor einer Weile im Mittleren Westen der USA war, in einer Gegend mit vielen deutschstämmigen Amerikanern, die sich, wie folgender Text enthüllt, offensichtlich gelegentlich nicht zwischen Deutsch und Englisch entscheiden können. Jedenfalls kopierte S. für mich den Text eines Schildes an einer Baumwollpflückmaschine, mit dessen Hilfe Unbefugte davon abgehalten werden sollen, an dem Apparat herumzufingern.

»ACHTUNG! Alles Touristen and nontechnishen Lookenpeepers! Das Machine Control ist nicht für das Gerfingerpoken und mittengraben! Oderwise is easy to schnappen der Springenwerk, Blowenfusen und Poppencorken mit Spitzensparken. Der Machine is diggen by Experten only. Ist nicht für Geverken by Dummkopfen. Das Rubbernecken Sightseenen keepen das Cotton Picken Mittens in das Pockets. So Relaxen und Vatchen das Blinkenlights.«

Als ich dies eines Tages in einem Kolumnentext veröffentlichte, bekam ich zahlreiche freundliche Briefe, in denen darauf hingewiesen wurde, dass es sich hier um ein in den USA kommerziell vertriebenes Schild handele, mit dem man sich über die deutsche Sprache im Allgemeinen und den deutschen Akzent im Besonderen lustig mache.

Das ist natürlich wichtig zu wissen. Andererseits nehmen wir im Wortstoffhof eben alles. Dazu sind wir gesetzlich verpflichtet.

PURMASCCHINE

Nach langem Grübeln bin ich zu dem Schluss gekommen, dass wir alle tief in uns einen Wunsch nach Schildern hegen, nach Hinweisen, Anweisungen, ja, nach *Hinweisungen*... Denn unser Leben ist von oberflächlicher Sinnhaftigkeit angefüllt, jedoch nicht erfüllt. Und wir brauchen Schilder, die uns Rätsel aufgeben, die in unser Dasein ragen wie Brücken aus dem Nichts, ja, die uns frei machen von Rationalität und Sinn und bereit machen für die Berührung mit dem Nirwana, dem großen Blabla...

Ich will Beispiele nennen. Frau P. schrieb mir, im Müllraum ihres Hauses hänge ein Schild, auf dem steht: »Bitte schließen Sie die Biotonne nicht nur aus hygienischen Gründen.« Hier haben wir ja geradezu unsere Aufgabe im Leben formuliert: Es kommt nicht nur darauf an, *etwas* zu tun, sondern auch darauf, *aus welchen Gründen man es tut*. Frau P. aber schließt nun jeden Tag die Biotonne, ohne dass ihr ein anderer Grund zu deren Schließung eingefallen wäre. Sie grübelt, sie zweifelt, sie verzweifelt – nichts. Sie schließt weiterhin *nur aus hygienischen Gründen*, doch innerlich aufgewühlt, voller Fragen, suchend. Dies rührt an Großes, zweifellos.

Wer solche Schilder hinter sich hat, ist frei und bereit für das, was Frau G. aus Hengersberg und Herr J. aus Simbach/ Inn berichteten: der Handzettel einer ungarischen »Kleinmaschinenbrigade«, die in Niederbayern Trödelsammlungen organisiert. Sie fordert auf, unter anderem Folgendes vor die Türen zu legen: »Wassenhahne, Telefone-Altkaputt-

händi, (Die Reifen Paar), Spotgerate, Spielzeige-Puppen, Wrkzeuge-Purmascchine, Altkaput moped, Kettensagen-Motorziege«. Der Aufruf endet, jedenfalls Frau S. zufolge, mit den Worten:
»Bitte keinen Sperrmüll und Abfal
Kaput ejzen Alte eyzen Kuffen.«
Dahinter wartet nur noch, was Leserin L. auf dem Hinterteil eines großen Lkws las: »Achtung! Bei Freifallöffnung Domdeckel öffnen sonst Vakuumgefahr!«

REESERRVIEREN

Wo immer man heute anruft, spricht man erst mal mit einer Maschine. Man hört: Anrufbeantworter. Computerstimmen. Drücken Sie die 1, wenn Sie dieses wollen. Die 2, wenn Sie jenes möchten.

In den Anfangszeiten dieser Technik wollte ich einmal Kinokarten reservieren lassen, für Paola und mich. *Capote.* Der lief in einem großen Kinocenter.

Ich rief dort an. Eine Stimme kündigte an, sie werde mir zunächst alle Filme nennen, die momentan im Kinocenter liefen. Wenn ich einen Film sehen wolle, solle ich sagen: »Reservieren«, wenn ich ihn nicht sehen wolle, müsse ich das Wort »Weiter« sprechen, und wenn ich doch noch den Film sehen wolle, der zuvor angekündigt worden sei, sei »Zurück« das richtige Wort.

»Deutliches Aussprechen der Schlüsselwörter!«, mahnte die Maschine. Freisprechanlage abschalten! Störgeräusche vermeiden!

»Reeserrvieren!«, murmelte ich schon mal probehalber. »Weitterr! Zurrückk!«

Nun kamen also alle Filme. Es waren viele. *Capote* kam als Letzter, natürlich. Das ist sicher Absicht. Sie nennen die interessanten Filme als Letzte. Warum? Ich weiß es nicht. Ich vermute, es hat was mit mir persönlich zu tun.

Ich sagte: Weiter. Weiter. Weiter. Weiter. Weiter. Ungefähr fünf Minuten lang sagte ich nichts als: Weiter. Mitten in den Filmtitel hinein sagte ich nach einer Weile »Weiter«. Ich ließ die Maschine gar nicht mehr ausreden.

Dann kam: *Capote*. Ich merkte es erst gar nicht, sagte wieder »Weiter«, dann aber gleich »Zurück« und sofort »Reservieren«.

Als Nächstes ging es um den Tag, an dem ich reservieren wollte. Dann um die Uhrzeit. Dann um die Anzahl der Karten.

Und da änderte sich nun etwas. Statt »Weiter« oder »Zurück« musste man plötzlich »Mehr« oder »Weniger« sagen, wenn die Maschine eine bestimmte Kartenzahl vorgeschlagen hatte, aber »Reservieren« galt noch. Bloß hatte ich das binnen Sekunden plötzlich vergessen, keine Ahnung, warum – ich wusste auf einmal nicht mehr, welches Wort man sagen musste, wenn die Apparatstimme die richtige Zahl der Karten genannt hatte. Also sagte ich, um Zeit zu gewinnen, wieder: Weiter. Weiter. Weiter. Und zwischendurch auch mal: Zurück. Zurück. Zurück. Vielleicht fiele mir, dachte ich, das Wort ja gleich wieder ein.

Aber das Wort fiel mir nicht ein. »Reservieren« – ich hatte es vergessen. Bloß wollte ich die Sache nicht wieder von vorne beginnen, ich hatte schon zehn Minuten am Telefon verbracht. Ich brabbelte weiter vor mich hin: Zurück. Weiter. Weiter. Zurück.

Bis die Kinocenterstimme plötzlich »Eine Karte« sagte und ich »Zurück« antwortete, und etwas Merkwürdiges geschah.

Die Stimme sagte nämlich: »Weniger als eine Karte können Sie nicht reservieren.«

Das war erstens sehr richtig. Aber zweitens sagte das Gerät es mit einem – ich schwöre! – deutlich ironischen Unterton. Ja, mit einer gewissen Emotionalität. Einem Belustigtsein in der Stimme. Es war das erste Mal in meinem Leben, dass ich das Gefühl hatte, eine Maschine würde gleich lachen.

Interessant, nicht wahr? Eine lachende, ja, losprustende Maschine. Mit fiel ein, dass schon am Anfang, als alles begann, die Stimme das Wort »Hauptmenü« auch nicht neutral ausgesprochen hatte. Sondern mit einer geradezu vibrierenden Freude. So wie einer, dessen Leibgericht *Spaghetti aglio e olio* sind und der nun sehr hungrig ein Zimmer betritt, wo dampfende *Spaghetti aglio e olio* auf dem Tisch stehen, so wie dieser Mensch also »Ah, es gibt *Spaghetti aglio e olio*!« sagt beziehungsweise ausruft, so also sagte die Maschine: »Hauptmenü!« Rief es aus.

Vielleicht ist es ja auch keine Maschine, dachte ich. Vielleicht sitzen Hunderte von Menschen in einem Saal und beantworten Anrufe nach diesem Schema, und zwischendurch pinkeln sie in die Hosen vor Lachen. Über die Anrufer. Wie sie sich schwertun. Wie sie Schlüsselwörter vergessen. Oder undeutlich aussprechen. Wie sie weniger als eine Karte zu reservieren versuchen.

Als ich die Karten endlich bestellt hatte und den Hörer auflegte, hörte ich hinter mir ein leises Kichern. Ich drehte mich um, ob Paola da wäre oder Luis. Oder eine emotionalisierte Maschine.

SCHLEMPE

Herr N. aus Marzling schrieb, einer seiner Kollegen habe sich für Informationen zum Thema »Schlempen« interessiert, worunter der Fachmann Rückstände versteht, die bei Destillationen entstehen. Man verwendet sie als Futtermittel, wenn sie bei der Verarbeitung von Getreide anfallen. N.s Kollege interessierte sich besonders für Schlempen, die beim Umgang mit Roggen entstehen, Roggenschlempen also. Als er das Wort aber bei Google eingab: nichts. Stattdessen die Frage: »Meinten Sie Drogenschlampe?«

Der Kollege sei zuerst belustigt gewesen, schreibt N., dann aber habe er sich gefragt, wie es um eine Gesellschaft bestellt sei, zu der so selbstverständlich der Umgang mit dem Wort »Drogenschlampe« gehöre.

Ein halbes Jahr nach N.s Brief gab Google zwar nun 17 Treffer für »Roggenschlempe« an, aber 249 für »Drogenschlampe«. Was das für unsere Gesellschaft bedeutet, muss jeder selbst wissen.

SCHLUCKROHR

Das Wort »Speiseröhre« hat mir, unter uns gesagt, noch nie gefallen, weil es die Sache nicht richtig trifft, es müsste ja dann, analog, auch noch eine »Getränkeröhre« geben. Gibt es aber nicht. Und wer beschreibt nun mein Erstaunen, dass ausgerechnet an einem Tag, an dem das Wort »Speiseröhre« mir besonders wenig gefiel, Herr M. Folgendes schrieb: Seine Frau sei wie er selbst Ärztin, stamme indes aus Brünn. Sie spreche perfekt Deutsch, konstruiere jedoch manchmal Wörter … also, einfach wunderbar: Sein persönliches Lieblingswort sei »Schluckrohr« anstelle von »Speiseröhre« oder »Ösophagus«.

Ist schon eine Weile her, dass M. mir schrieb. »Speiseröhre« habe ich seitdem nie mehr gesagt.

SCHREI-BECKEN

Ein wichtiger Geburtsort für interessante, nutzlose, aber doch vielleicht irgendwann noch einmal brauchbare Wörter sind *Chats* und *E-Mails*. Weil dort alles so schnell gehen muss und die Finger sich beim Tippen überschlagen, verschreibt man sich oft. Frau K. schreibt mir aus Augsburg zu diesem Thema, sie habe gerade von ihrer in England studierenden Schwester S. eine Mail bekommen, in der es heißt: »Ich muss mal schnell an die Uni. Noten abhogeln.« Frau K. schreibt mir dazu ihrerseits, sie gehöre »zu den Menschen, die immer versuchen, sich unter solchen sinnlosen Wörtern etwas vorzustellen«.

Das ist genau die Einstellung, die wir hier im Wortstoffhof so begrüßen. Nur ja nichts umkommen lassen! Vielleicht habe »abhogeln« ja etwas mit »hobeln« zu tun, schreibt Frau K. Das ist ein interessanter Ansatz. Man begibt sich an die Uni, um seine Noten ein wenig abzuhobeln, also niedriger zu machen, also zu verbessern. Also: um zu lernen. Ein schöner Ausdruck.

Noch ein Wort aus der Post von Frau K. Sie schreibt, obwohl sie bereits fast 30 Jahre alt sei, verrichte ihre Mutter noch diese oder jene Handarbeit für sie und habe neulich in einer Post mitgeteilt, sie müsse jetzt raus aus dem Internet, »ich muss noch deine Hopse nähen«.

Das ist nun ein geradezu Freudscher Verschreiber, verrät er doch viel über die Gefühle der Mutter, die sich offenbar wünscht, die Tochter wäre noch klein und würde um sie herumhopsen, statt fern von ihr zu leben und auf eine Jeans mit neuem Reißverschluss zu warten. Könnte das sein, Frau K.?

In einer E-Mail hatte ich mal das Wort »Putzeimer« zu schreiben, schrieb in der Eile aber »Putzmeier«, was ich nun wiederum ein ganz wunderbares Wort finde, weil es gleichzeitig ein Nachname sein könnte, eine Beleidigung für einen Hausmeister oder tatsächlich der Firmenname einer Gebäudereinigung. Wenn man »Putzmeier« bei *Google* eingibt, landet man zum Beispiel auf den Internetseiten des Bayerischen Fußball-Verbandes bei den Urteilen des Verbands-Sportgerichts, was eine gleichzeitig hoch amüsante und niederschmetternde Lektüre über den Alltag auf bayerischen Fußballfeldern ist.

In diesem Fall geht es um ein Verfahren, in dem ein Mann namens Putzmeier Roland vom SSV Wurmannsquick zum Schiedsrichter »Du pfeifst vielleicht einen Scheiß« gesagt und ihn dann mit einer Art Zidane-Kopfstoß verletzt haben soll. Das Gericht in der Besetzung Dr. Koch, Döbrich-Trifellner, Frey urteilte am 31. März 2001, dass erstens alles nicht stimmte und zweitens der Beschuldigte (und dann Freigesprochene) gar nicht Putzmeier Roland hieß, sondern Pfitzenmaier.

Man landet auch im Mieter-Chat der Bewohner der zu Miethäusern umgebauten vier Gasometer in Wien, schließlich auf einer Seite, den Football in Colorado betreffend, wo der Sportfreund Vernon Putzmeier die Meinung äußert, die Anhänger der University Colorado hätten ein Lektion in Sportsgeist dringend nötig. Kurz, mit dem Wort »Putzmeier« kommt man einmal um die ganze Welt, wer hätte das gedacht?

Zum Schluss noch Folgendes: Vor dem Einschlafen las ich mal *Gib jedem seinen eigenen Tod*, einen von Veit Heinichens wunderbaren Triest-Krimis, und landete auf Seite 65, wo beschrieben wird, wie Kommissar Laurenti die Redaktion der Zeitung *Il Piccolo* betritt. Es heißt: »Schreibecken mit Bildschirmen, abgetrennt durch dünne, halbhohe Stellwände, deren blauer Bezug sich mit dem Graugrün des Linoleumfußbodens biß...«

Schreib-Ecken waren gemeint, ich jedoch las »Schrei-Becken« und stellte mir vor, wie sehr man so etwas in einer Zeitungsredaktion doch eigentlich benötigen würde: ein weiß gekacheltes Becken, in das sich der entnervte Redakteur nach getaner Arbeit legen könnte, um seine Verzweiflung über den Zustand der Welt und seiner Vorgesetzten herauszuschreien. Worauf des Redakteurs Urgebrüll gurgelnd in den Abfluss liefe, und der Mann mit den Worten »Putzmeier, reinigen Sie mein Schrei-Becken!« sich frei von aller Wut sanften Mutes nach Hause zu Frau und Kind gebäbe, äh, begäbe.

SCHRÖDYPHOS

Da liegt nun dieses Buch. Gerhard Schröder: *Entscheidungen.*
Mein Leben in der Politik. Man schlägt es auf, da steht der er-
ste Satz: »Erinnerungen aufschreiben, die Schwebeteilchen
im Kopf zueinanderbringen und zu Bildern fügen. Was war
wichtig?«
So geht das los in dem Buch.
Schwebeteilchen.
Wer je versucht hat, Schwebeteilchen, auch außerhalb seines Kopfes, überhaupt nur einzufangen, geschweige denn
»zueinanderzubringen«, gar sie zu Bildern »zu fügen«…
Aber wer hat das schon unternommen?
Jedenfalls wüsste er, welcher Aufgabe sich dieser Mann
gestellt hat. Hätte man gedacht, dass in diesem kantigen
Schädel ungefügte Teilchen schweben, die vielleicht, von einem lauten »Basta!« kommandiert, ihrer Bestimmung sich
erinnern und zueinander eilen?!
Schröder! Alter Schwebe!
Schon in den Inseraten, mit denen für die Erinnerungen des
vom Autokanzler zum Autobiografen Gewordenen vor
Jahren geworben wurde, lockte ein Satz von rarer Schönheit: »Mein ganzes Leben lang habe ich versucht, Grenzen
immer wieder an den Horizont zu verschieben.« Da sieht
man den Mann vor sich: gewaltig zunächst (»Ich mach dich
los!«) an der Grenze rüttelnd, um sie aus den Verankerun-
gen zu lösen, dann das ganze Grenzgefüge langsam vor sich
hinschiebend, horizontwärts. Das erinnert an Sisyphos und
soll es wohl auch, natürlich. Doch schob der einen Stein auf

einen Gipfel, von wo der Fels wieder herabrollte, worauf Sisyphos...

Ein Berg. Ein Stein. Eine lächerliche Aufgabe verglichen mit der des Grenzenschiebers, der hinten und vorne, links und rechts von Horizonten umgeben, ja, eingekesselt ist. Und er will ja nicht nur eine Grenze, sondern »Grenzen« von Ort und Stelle bringen. Setzt also hier an und dort, verschiebt diese und jene, dabei noch behindert von allerunnützesten Figuren, Sommers und Bsirskes, Oskars und Georges. Und muss dann, auf dem Weg zum Horizont, erkennen, dass er sich jenem gar nicht nähert. Dass der Horizont zurückweicht! Ja, er muss verstehen, dass die Arbeit selbst dort am Horizont nicht zu Ende wäre. Denn, wie sang Udo Lindenberg so richtig und zutiefst wahr: »Hinterm Horizont geht's weiter.«

Wie müssen wir uns also Schrödyphos vorstellen? Als glücklichen Menschen?

Er selbst beschreibt sich in solchen Situationen im Buch auf zarteste Weise. Nach dem Rücktritt Lafontaines zum Beispiel: »Als Joschka wieder draußen war und auch Heye sich verabschiedet hatte, trat ich wie immer, wenn ich eine unübersichtliche Lage zu bedenken hatte, an das bodentiefe Fenster, durch das eine späte Sonne ihre letzten Strahlen schickte. Vorfrühling und ein frühes leichtes Grün im Park des Kanzleramtes.«

Späte Sonne, letzte Strahlen, leichtes Grün. Dazwischen noch unverschobene Grenzen. Bodentief die Fenster, bodenlos alles andere. Joschka draußen, Heye weg, überall tückisch lauernd ferne Horizonte.

Im Kopf: Schwebeteilchen.

Sind sie je schöner zu einem Bild gefügt worden?

SCHWAMPELDIPAMPEL

Politiker rein in Tür, Politiker raus aus Tür, Politiker Treppe rauf, Politiker Treppe runter, Politiker winkewinke, Politiker lächellächel, Politiker auf Mikrofon zu, so geht das manchen lieben langen Tag, und immer wieder: Politiker strafft sich, reißt Mundwinkel hoch, Politiker spricht.

He, was du sprechen zu uns, Politiker?

Politiker zu uns sprechen folgende Wörter: sondieren, ausloten, nicht hilfreich sein, hilfreich sein, in diesem Punkt nicht hilfreich sein, frei erfunden sein, konstruktiv sein ... Ist klar diese Wörter, ist möglich zu verstehen, was Politiker hat gesagt? Volk hat in Wahl gesprochen: Jaja, neinnein. Nun sprechen Politiker: ernsthaft, vertieft, breite Mehrheit, schlecht vorstellbar, Schnittmenge, schwampeldipampel, in den Raum stellen...

Manchmal stellt man sich vor, es gäbe eine Politikerschule, in die man mit einer großen Tüte in der Hand eingeschult wird, und dann sitzen sie da, kleine bebrillte Bütikofers, immerzu mit den Fingern schnalzende Stieglers, nach dem Tischnachbarn tretende Schröders, die Hände faltende Stoibers, und der Lehrer sagt: Heute Morgen üben wir Ablehnen, Verhindern, Vorantreiben, Vorpreschen. In der zweiten Klasse werden wir erste Absetzbewegungen probieren, wenn wir Pech haben, stoßen wir auf Protest, dann können wir auch schon mal einen Schwenk vollziehen. In der Pause: Gedankenspiel und freies Erfinden.

So geht das weiter, immer höher die Klassen, immer schwieriger die Fragen: Wie zerschneide ich ein Tischtuch?

Wie baue ich eine Druckkulisse auf? Wie untermauere ich einen Anspruch? Wie liebäugele ich mit einer Option? Im Politikerabitur: Sprengen Sie eine Fraktion! Stellen Sie ein Wahlergebnis auf den Kopf! Entfachen Sie einen Sturm der Empörung, ohne von ihm hinweggeblasen zu werden! Nehmen Sie eine Wahl mit aller Kraft an! Grinsen Sie eine Dreiviertelstunde lang!

Politiker rein in Tür, Politiker raus aus Tür, Politiker Treppe rauf, Politiker Treppe runter, Politiker winkewinke, Politiker lächellächel, Politiker in Mikrofon: »Es gibt Situationen, da müssen Sie Türen hinter sich zumachen können.« Wer hat das mal gesagt? Richtig, Fischer.

Dies nun ist der ganz große Berliner Spreizsprech. Wichtigdeutsch, die Endstufe. Hätte auch sagen können: Muss immer allein die Spiel gewinnen, ich bin jetzt müde Vater diese Grüne, verteidige immer diese Grüne! Aber nein, »es gibt Situationen...« Tausche Macht gegen Freiheit! Alles was ich tue, ist bedeutend, hört ihr? (Und wenn ich morgen das Gegenteil tue, ist es noch bedeutender.) Und mit vier Prozent minus ist man Wahlsieger. Mit drei Prozent auch. Wahlsieger ist man immer.

Nächste Woche, hat Franz Müntefering mal während der Verhandlungen um eine Koalition gesagt, gebe es eine »vertiefte formale Sondierung«.

Is' klar, Alter, wo is' die Tür?

SCHWEINEKÄSE

Kaum hatte ich in einer Geschichte einmal erwähnt, mein Sohn Luis spreche, obwohl in München wohnhaft, kein Münchnerisch, schon schrieb mir Herr S. aus Lenggries, das sei auch nicht weiter schlimm, denn Luis sei ohnehin kein Münchner und werde auch nie einer werden, denn, so habe es ihm (also dem Herrn S.) seine (also des Herrn S.) Großmutter bereits 1940 erklärt: ein echter Münchner müsse in München geborene und aufgewachsene Eltern, Großeltern und Urgroßeltern haben oder gehabt haben, sonst sei er eben kein echter Münchner; ein Kalb, das zufällig im Pferdestall das Licht der Welt erblicke, sei ja auch kein Ross.

Weiter teilte mir Herr S. mit (und dies, obwohl ich weder das Wort »Schweinemetzger« noch das Wort »Schweinsmetzger« erwähnt hatte), ein echter Münchner würde nie »Schweinemetzger« sagen, sondern immer »Schweinsmetzger«, er wisse das zufällig, weil sein Onkel Gastwirt und »Schweinsmetzger« gewesen sei und die besten Weißwürscht von München gemacht habe – wozu ich nun wieder gerne anmerken würde, dass man einer Münchner Weißwurst, die vom Schweinsmetzger hergestellt worden ist, zumindest mit einem gewissen Misstrauen begegnen sollte. Denn eine Weißwurst (jedenfalls eine aus München) sollte zwar von einem Schweinsdarm (nicht: Schweinedarm!) umhüllt, jedoch in der Hauptsache aus Kalbfleisch (nicht: Kalbsfleisch!) hergestellt sein, geringe Anteile von Schweinefleisch (Schweinsfleisch? Nein!) sind vielleicht möglich, aber eigentlich unerwünscht.

Nicht nötig ist es hingegen, dass die in der Wurst enthaltenen Kälber resp. Schweine bereits in der vierten Generation in München geboren und aufgewachsen sein müssen.

Apropos Schweine. Herr B. schickte mir, nachdem ich etwas über das Deutsch von Speisekarten im Ausland geschrieben hatte, eine E-Mail, in der er glaubwürdig versicherte, er habe vor etwa zehn Jahren in einem spanischen Restaurant mal sämtliche Gerichte, zu denen es eine Beilage gab, als »... mit Begleitung« aufgelistet gefunden. Besonders interessant sei das Gericht »Wiener Schweine mit Begleitung« gewesen.

Auf dem Frankfurter Römerberg, teilt Frau O. von ebendort mit, gebe es ein Restaurant, welches auf seiner Karte das deutsche Traditionsgericht »Schwartenmagen« feilbiete, und zwar auch in einer französischen Übersetzung. Dort heiße es *vieux bouquin de l'estomac,* und vielleicht sollte man den Wirt bei Gelegenheit darauf hinweisen, dass *bouquin* zwar französisch ist und »Schwarte« heißt, aber ein altes Buch bezeichnet. »Schwartenmagen« heißt *fromage de porc.* Ich möchte wetten, dass es irgendwo in Frankreich eine deutsche Speisekarte gibt, auf der das mit »Schweinekäse« rückübersetzt worden ist.

Oder Schweinskäse?

SELBSTABBRUCH

Eines Tages bekam ich eine Mail von Samuel Akaru aus der Republik Benin. Akaru stellte sich als Anwalt von Andrew Hacke vor, Direktor der *Andrew Construction Company* in Benin. Andrew Hacke sei zusammen mit seiner Familie am 25. Dezember 2003 beim Absturz einer Boeing 727 in Benin ums Leben gekommen. Sie seien auf dem Weg nach Beirut gewesen, um dort Ferien zu verbringen.

Andrew Hacke, so teilte mir sein Anwalt mit, habe ein Vermögen in Höhe von 15,5 Millionen Dollar hinterlassen, das nun herrenlos sei. Es gebe keine Verwandten von Andrew Hacke mehr in Benin, und er, Samuel Akaru, habe sich daraufhin im Internet auf die Suche nach Leuten mit dem gleichen Nachnamen gemacht. Er biete an, mich in den Besitz des Vermögens zu bringen, bevor die Continental Bank Benin das Geld konfisziere. Dafür wolle er einen Teil des Vermögens haben. Sein Angebot: 60 Prozent für ihn, 40 für mich. Ich solle Telefon- und Faxnummer, Adresse, Beruf sowie vollen Namen mitteilen.

Ich war erstaunt über die Gebührensätze der Anwälte in Benin; da dürfte mancher deutsche Kollege neidisch werden. Dann machte ich mich meinerseits im Internet auf die Suche nach Samuel Akaru und Andrew Hacke. Ich entdeckte (was ich mir schon gedacht hatte): dass ich nicht der einzige Adressat solcher Post bin.

Viele Menschen bekommen sie, mit gleichem Inhalt: Ein Vermögen wartet in Afrika. Dahinter stecken, so lernte ich, Verbrecherbanden. Sobald man auf den ersten Brief eingegangen sei, las ich, antworteten sie: Herzlichen Dank, wir treiben die Sache weiter voran, leider kommen wir ans Geld noch nicht ran, schicken Sie tausend Dollar; wir müssen Beamte bestechen und Gebühren zahlen. Es soll Leute geben, die das tun. Sie hören nie wieder von Samuel Akaru und seinen Freunden.

Ich entdeckte außerdem, dass viele andere Briefadressaten ebenfalls Namensvettern bei jenem Flugzeugabsturz vor vier Jahren verloren hatten. Die Toten trugen den jeweiligen Nachnamen des Adressaten, hießen aber alle Andrew mit Vornamen. Und alle waren Direktoren der *Andrew Construction Company*, einer Firma, die durch das Unglück enthauptet wurde: Die Maschine war voller Chefs namens Andrew. Ein Betriebsausflug anscheinend.

Etwas später kam Post von Leser K. aus Aachen. Er hatte eine ähnliche Nachricht von einem Mann namens Peter Freez in Ghana bekommen. Aber während Samuel Akaru mir auf Englisch geschrieben hatte, erhielt D. seine Post auf Deutsch. Freez teilte dem D. nach der Anrede »Am liebsten« mit, er sei Entdecker »einer verlassenen Summe of $ 12,500,000.00 (nur zwölf Million fünfhundert tausend Vereinigte Staaten Dollar) in einem Konto, das bis einen unserer Auslandskunden gehört, die zusammen mit seiner gesamten Familie eine Frau und zwei Kinder im November 1999 in einem Selbstabbruch starben. Seit wir von seinem Tod hörten, haben wir seine Folgend-vonstämme erwartet, vorbeizukommen und Ansprüche für sein Geld als der Erbe zu setzen„ weil wir nicht die Kapital von seinem Konto freigeben können … Leider hat weder ihr Familie Mitglied noch entfernter Verwandter everappeared.« Freez' Vorschlag: 65 Prozent für ihn, 5 für Gebühren, 30 für Leser D.

Ich war neidisch. So schöne Wörter hatte mir Akaru nicht geschrieben: Am liebsten, Selbstabbruch, Folgend-von-stämme … Ich sortierte sie alle in den Wortstoffhof ein.

Dann schrieb ich Samuel Akaru: »Am liebsten Akaru! Thank you for deinen wonderfullen Mailpost. Ist es nicht ein unbelievable Zufall, dass ich Dir gestern auch schreiben wollte? Denn am 21.12.2003 ist Mr. Andrew Akaru, Proku-rist der Andrew Altwörter-Entsorgungs GmbH, hier auf meinem Wortstoffhof zu einem Abbruch gekommen, als er einen Lkw entladen wollte. Er wurde together mit seiner Schwiegermutter und zwölf Folgend-vonstämmen von ei-nem Berg alter Phrasen und Metaphern erschlagen. Herr Andrew hinterlässt ein Vermögen von 15,5 Millionen selte-ner, sehr beautifuller Wörter. Du wollen haben? Ich vor-schlagen: 60 Prozent für mich, 60 Prozent für dich, den Rest für die Duden-Redaktion. Bitte antworte soon, aber nur-nurnur auf Deutsch (lass Peter Freez übersetzen!) und mit Foto und Geld, das ich Dir dann backschicke, für Deine Auslagen. Mit dem besten Respekt aus meinem Leben! Dein Axel.«

SSSEISSE

Die kleine Sophie kann nun schon sprechen, ja, sie kann ganze Sätze sagen, und am liebsten sagt sie diesen Satz hier: »Heute ist Montag.«

Es kann also vorkommen, dass die Sophie morgens am Frühstückstisch sitzt, Kakao trinkt und auf die Frage »Welcher Tag ist heute?« antwortet: »Heute ist Montag.«

»Aber Sophie!«, sagt Paola dann. »Heute ist Dienstag!« (Es ist nämlich wirklich gerade Dienstag, man soll seine Kinder nicht belügen, also sagen wir ihnen immer die Wahrheit.)

»Heute ist Montag«, sagt Sophie.

Am nächsten Tag ist Mittwoch. Aber Sophie sagt, es sei Montag.

Luis wälzt sich lachend am Boden. »Sophiiiiie!«, schreit er. »Heute ist Mittwoch! Mittwoch! Sag mal: Mittwoch!«

»Mittwoch!«, sagt Sophie.

»Ja, wunderbar, Sophie«, sage ich. »Heute ist Mittwoch. Sprich mir nach: Heute ist Mittwoch.«

»Heute ist Montag«, sagt Sophie.

Man begreift es nicht. Was ist los mit ihr? Wer hat ihr diesen Satz beigebracht? Es gibt andere Sätze, die Sophie sagt und deren Herkunft wir kennen. Zum Beispiel ist es vorgekommen, dass ich in aller Frühe ihr Zimmer betrat und aus dem Bettchen eine leises »Oh, Ssseiße, mein Handy!« hörte. Das war nach jenem Tag, an dem Paola, fünf Minuten nachdem wir ein Wirtshaus verlassen hatten, festgestellt hatte, dass sie dort ihr Telefon hatte liegen lassen – deshalb war ihr der Satz entfleucht und Sophie hatte ihn sich gemerkt und am nächsten Tag eben gesagt. Und Luis hatte das so toll gefunden, dass er ihr für den Rest des Tages immer wieder den Satz vorsprach, damit sie ihn wiederholte, immer mit sanftem Sss statt Sch: »Oh, Ssseiße, mein Handy!«

»Welcher Tag ist heute, Sophie?«, fragt Paola dann am Donnerstag.

»Heute ist Montag.«

»Welcher Tag ist heute, Sophie?«, fragt Luis am Freitag.

»Heute ist Montag.«

»Welcher Tag ist heute, Sophie?«, frage ich samstags.

»Heute ist Montag.«

Und dann ist auf einmal Sonntag. »Morgen ist Montag«, sage ich zu meiner Tochter. »Morgen wirst du zum ersten Mal recht haben. Morgen ist der einzige Tag der Woche, an dem du recht haben wirst. Morgen ist dein Tag! Montag, Montag, Montag.«

»Morgen ist Mittwoch«, sagt Sophie und lacht.

Na, ich kann Ihnen sagen! Selten habe ich einen Tag mit solcher Spannung erwartet wie den Montag. Gleich nachdem die Sophie aufgewacht ist, nehme ich sie und trage sie, noch in ihrem Schlafsäckchen, in unser Bett, lege sie zwischen Paola und mich und frage, während sie noch ins Morgenlicht blinzelt: »Na, Sophie, welcher Tag ist heute?«

»Oh, Ssseiße, mein Handy!«, sagt Sophie.

STÜCK

Manchmal träume ich davon, in Angela Merkels Büro zu gehen und ihr das Wort »Stück« sowie die Wortkombinationen »ein Stück« und »ein Stück weit« wegzunehmen, das alles richtig unwiederbringlich (und nicht bloß »ein Stück weit«, wie Frau Merkel jetzt schon wieder sagen würde) zu entsorgen und zum Beispiel hier im Wortstoffhof irgendwo so tief zu vergraben, dass es keiner findet, der bloß ein Stück weit gräbt.

Es ist ja doch nicht mehr anzuhören!

Als der 11. September 2002 vorbei war, erklärte sie, »ein Stück weit fassungslos« zu sein. Als 2002 die Frage der Kanzlerkandidatur entschieden war, nach einem Früh*stück* in Wolfratshausen auch noch!, stand sie an einem Pult und sagte, sie glaube, verantwortlich gehandelt zu haben, und sei »deshalb auch ein Stück stolz«. 2007 hielt sie eine Rede in Athen und sagte, sie halte diese Rede auch »mit einem Stück Stolz auf die deutsche Wirtschaft«. Im Jahr zuvor sprach sie in einer anderen Rede davon, dies oder jenes, ich weiß nicht mehr was, könne »uns als Europäer auch mit einem Stück Stolz erfüllen«. Wiederum 2007 sagte sie beim Gipfel in Heiligendamm, man müsse »die Interessen des anderen ein Stück weit mit bedenken«.

Und die anderen fangen auch schon an.

Kurt Beck im *Spiegel*, 2007: Was wir in Deutschland bräuchten sei »ein Stück Wärme«. Der Ex-Grüne Oswald Metzger klagte, »die globale Wirtschaftsdelle« sei nach dem 11. September »ein Stück weit verlängert worden«. Der

Fußball-Präsident Mayer-Vorfelder jammerte nach dem Ausscheiden bei der Fußball-Europameisterschaft 2004, er habe bei den Deutschen »ein Stück weit die Professionalität vermisst«. Edmund Stoiber vor Jahren in der *FAZ*: Europa solle kein Staat werden, »die Menschen brauchen ein Stück Heimat«. Der Höhepunkt: Beim Öko-Staffellauf von Vorarlberg nach Wien, einer Werbeaktion für *Klimabündnis-Kaffee*, wurde vor Jahren gebeten: »Tragen Sie ein Stück Fairness ein Stück weit dem Ziel entgegen!«

Hat denn keiner mehr Sinn fürs Ganze? Hat man je, zum Beispiel, von Helmut Kohl den Begriff in anderen Zusammenhängen vernommen als: »Bring mal zwei Stück Kuchen, Juliane!« Hat Schröder, als er an des Kanzleramtes Toren rüttelte, gerufen: »Macht mal ein Stück auf! Ich möchte hier ein Stück weit rein!«

Man möchte Heines *Sie erlischt* zitieren und rufen: »Der Vorhang fällt, das Stück ist aus.« Aber dann liest man weiter: »Und Herrn und Damen gehen nach Haus. Ob ihnen auch das Stück gefallen?«

Nein, nein, Stück hat gar nicht gefallen, nicht mal ein Stückchen.

T

Erstaunlich eigentlich, wie reibungslos die Weltbuchstaben-
wirtschaft in den vergangenen Jahrzehnten lief, verglichen
mit den immer wieder aufflammenden Streitereien um
andere Ressourcen wie Öl oder Wasser. Der Buchstaben-
handel war frei, die globalen Buchstabenvorräte schienen
unerschöpflich. Erst kürzlich sah ich im Fernsehen einen
interessanten Beitrag über die Unterschiedlichkeit der
Buchstabengewinnung auf der Welt: Türkische Bergleute
müssen die in ihrem Land so dringend benötigten Üs in
harter Schufterei aus tausend Meter tiefem Gestein in den
mitteltürkischen Bergwerken um Sülüklü, Mülk und Gün-
düzler schlagen; Finnen haben ihre Is, Ös und Äs, ohne die
sie den »Giroverkehr« nicht *tilisiirtoliike* und die »Bügel-
anstalt« nicht *prässäämö* nennen könnten, aus dem gefro-
nen Boden Nordfinnlands zu hacken. Aber in unseren
gesegneten Breiten wächst das butterweiche fränkische
Lodda-Maddäus-D auf Plantagen zwischen Nürn- und
Bamberg und muss nur von zarter Fränkinnenhand ge-
pflückt werden.
Nur das T… Wie umkämpft es ist! Wie rar!
In Österreich gab es vor Jahren einen Prozess um ein T
oder jedenfalls ein t, welches eine Firma namens *Holland
Blumen Markt* im Namen zu führen glaubte berechtigt zu
sein. Indes verbot der Oberste Gerichtshof dem *Holland
Blumen Markt* das t, handele es sich doch hier nicht um ei-
nen Markt, sondern um ein Blumengeschäft. Der Holland
Blumen Markt musste sich dem Urteil beugen und tat dies,

indem er sich seitdem *Holland Blumen Mark* nennt, im Vertrauen darauf, dass die Kunden das Fehlen des t einfach nicht zur Kenntnis nehmen und statt Mark weiterhin Markt lesen.

So gesehen, könnte man natürlich überall Buchstaben sparen, Wörter verkürzen, es dem Leser überlassen, sie im Kopf zu komplettieren, denn der Mensch, flüchtig wie er ist, tut das bei Lesen ganz automatisch: unvollstndige Wörer ergänzn.

Nun aber Folgendes: Die Telekom hatte vor einer Weile Erfolg bei einem Rechtsstreit mit einer Agentur namens Team-Konzept, in dessen Verlauf sie verlangte, Team-Konzept solle für sich nicht mehr mit einem T auf einem abgerundeten roten Quadrat werben. Es gehe darum, sagte Telekom-Manager Althoff, »unser Markenrecht am T zu verteidigen«, man müsse »streng darauf achten, dass das T nur für die Deutsche Telekom und seine Produkte steht«.

Das ist ja nun interessant.

Hat es das schon gegeben, dass eine Firma sich einen Buchstaben allein unter den Nagel reißt? Wohin soll das führen, wenn IBM, BMW, BASF auf diese Idee kommen? Oder die USA? Wenn George W. Bush angefangen hätte, sein Markenrecht an diesen drei Buchstaben zu verteidigen, wäre es ja mit einem Prozess nicht getan gewesen. Da hätte dann gleich ein Flugzeugträger vor der Tür gestanden.

»99 Prozent der Bundesbürger verbinden mit dem T die Deutsche Telekom«, sagte Herr Althoff. Das könnte ihm so passen. Wir denken bei T immer zuerst an einen schönen, einfachen Buchstaben aus zwei Strichen, den wir beim Scrabble benötigen, um Wörter wie Tau und Tag und Tod zu bilden, auch Thukydides, Torwart-Titan und Tatterich. Wir denken an das T-Shirt, die Tram und Täterä.

An die Delekom denken wir nicht.

Aber es ist uns seit diesem Rechtsstreit im Jahr 2003 aufgefallen, dass die Ts knapp geworden sind, dass da jemand im
Hintergrund Vorräte anlegt und jedes T vom Markt kauft,
das er bekommen kann. Manchmal möchte man zum Beispiel den Namen eines bekannten Grünen-Politikers schreiben oder ein anderes Wort für Bürgersteig, doch es geht
nicht, es gibt keine Ts, man schreibt Driddin oder Droddoir.
Wir sind keine Droddel, Delekom! Wir ergeben uns nichd
der Dyrannei! Wenn Du einen Buchsdaben für dich allein
willsd, denk dir einen neuen aus. Die alden aus dem ABC
gehören alle uns.

TALLINN

Als ich klein war, spielte mein Vater mit mir immer Hauptstadtraten, ein simples Spiel, vor allem für Vater.

Er sagte: »Italien.«

Ich sagte: »Rom.«

Er sagte: »Peru.«

Ich sagte: »Lima.«

Oder anders herum. Er sagte: »Oslo.«

Ich sagte: »Norwegen.«

Er sagte: »Südafrika.«

Ich sagte: »Pretoria.«

So ging das. Und ich liebte es. Irgendetwas tief in mir drinnen liebt es immer noch, aber niemand spielt es mit mir. Paola nicht. Luis nicht. (Er ist ein Hauptstadtignorant, Hauptstädte sind ihm vollkommen gleichgültig, es ist wirklich besorgniserregend.) Und Bosch auch nicht. (»Stell mich ins Wohnzimmer!«, sagt er. »Damit ich auch mal fernsehen kann. Vorher spiele ich gar nichts.«)

Nun schrieb mir kürzlich Herr G. aus Walluf, sein Sohn habe im *ADAC-Länderlexikon* geblättert und…

Das fand ich schon mal gut. Dass es ein ADAC-Länderlexikon gibt. Und dass dieser Sohn darin blättert und sich also für Dinge interessiert, die etwas mit Hauptstadtraten zu tun haben könnten. Sofort bestellte ich mir das ADAC-Länderlexikon.

…und, so schrieb mir Herr G., dieses Länderlexikon sei hoch interessant, es verzeichne für jedes Land nicht nur die Hauptstadt und die Einwohnerzahl, sondern auch Klimadaten, die Kriminalitätsrate, die Zusammensetzung der Bevölkerung, die Ausgaben für das Gesundheitssystem und die Zahl der im Land lebenden Hühner.

Die Zahl der Hühner?

Ja, zum Beispiel leben in Frankreich 230 Millionen Hühner, in Großbritannien 168 Millionen, aber in Deutschland nur 108 Millionen. Obwohl wir viel mehr Einwohner haben. Wir sind eigentlich ein relativ hühnerarmes Land, das dringt einem gar nicht ins Bewusstsein. Übrigens gibt es Länder, in denen es überhaupt keine Hühner gibt. Der Vatikan. Katar. Die Marshallinseln. Andorra.

Man liest das und stellt sich vor, wie die Rechercheure des ADAC-Länderlexikons um die ganze Welt gereist sind und überall die Hühner gezählt haben, in jeden Stall haben sie hineingeguckt, die Hühner in Reihen antreten lassen, und dann wurde durchgezählt.

Was für ein Aufwand! Was für eine Liebe zum Detail! In China leben 3,77 Milliarden Hühner, in den USA 1,83 Milliarden, aber in Tuvalu mitten im Pazifik nur 27.000.

Nun aber zu Estland. Das war ja der Grund, weshalb Herr G. mir geschrieben hatte. Für Estland verzeichnet das ADAC-Länderlexikon nämlich eine Hühnerzahl von 3.003.746 Millionen. Drei Billionen drei Milliarden siebenhundertsechsundvierzig Millionen Hühner.

In Estland.

Ein Druckfehler? Druckfehler kann ich mir beim ADAC nicht vorstellen. Ebenso wenig wie beim TÜV.

Estland hat 45.226 Quadratkilometer.

Das bedeutet ungefähr 66,5 Millionen Hühner pro Quadratkilometer. Das bedeutet etwa 66 Hühner auf jedem Quadratmeter Estlands. Man fragt sich, wo noch Platz für die 1,4 Millionen Esten ist. Warum sie ihr ganzes Land den

Hühnern zur Verfügung gestellt haben. Herr G. hat ausgerechnet, dass auf jeden Esten 2.145.533 Hühner entfallen, und er fragt sich, wie lange es dauert, bis alle diese Hühner auf jeden einzelnen Kopf entfallen sind. Er hat weiter gerechnet: »Nehmen wir der Einfachheit an, ein Federtier bräuchte pro Kopffall 1 Sekunde; dann würden insgesamt für jeden statistisch sauber ausgeführten Hühnerfall/Kopf 2.145.533 Sekunden benötigt, also knapp 25 Tage.«

Dreieinhalb Wochen Hühnerregen in Estland, ununterbrochener schwerer Hühnerniederschlag.

Man wagt es nicht, sich vorzustellen, wie die Anzüge der ADAC-Hühnerzähler aussahen, als diese tapferen Männer und Frauen Estland endlich verlassen durften und nach Lettland weiterreisen konnten, wo nur 3,11 Millionen Hühner leben. Sie haben ja an der Grenze kaum die Tür hinter sich schließen können, die Hühnerzähler. So stark drückten die estnischen Hühner dagegen.

Was für ein Land, dieses Estland!

Die Hauptstadt heißt übrigens Tallinn.

TIKA-TAKI

Einmal ist dem Luis Folgendes passiert. Er war nämlich an einer Grundschule, an der alle Schimpfwörter streng verboten waren, man durfte sie einfach nicht benutzen, nicht mal ein bisschen und ganz leise. Der Luis aber saß im Unterricht bisweilen neben einem etwas seltsamen Knaben, der seinen Nachbarn – den Luis also – eine ganze Unterrichtsstunde lang mit allem Möglichen zu provozieren trachtete, er trat ihm also auf den Fuß, zwickte ihn ins Bein, nahm ihm einen Schreibstift weg und so weiter und so weiter.

Luis hätte das gern der Lehrerin gesagt, aber er wollte nicht petzen. Er hätte seinen Nachbarn auch gern ein »Arschloch« genannt, aber das durfte er eben nicht, die Schule hatte, wie gesagt, ihre Grundsätze.

Also dachte er eine Weile nach und schrieb dann auf einen Zettel: »Tika-Taki = Arschloch«. Diesen Zettel schob er dem Nachbarn zu, in der Absicht, ihn nun gelegentlich »Tika-Taki« zu nennen, womit er einerseits das Wort »Arschloch« vermieden hätte, andererseits dem Quälgeist doch in aller Deutlichkeit mitgeteilt hätte, wofür er ihn hielt.

Der Nachbar nahm den Zettel, stand auf und überreichte ihn der Lehrerin. Und Luis musste zehn Minuten draußen vor der Klassenzimmertüre stehen, zur Strafe für die Benutzung eines verbotenen Wortes.

»So was Dummes!«, habe ich damals zum Luis gesagt, und ich habe nicht seinen Zettel gemeint.

Wenn man es nur richtig sieht, dachte ich dann, ist es vielleicht am besten, man hat immer einige Privat-Schimpfwörter zur Hand, deren wahre Bedeutung man nur selbst kennt, niemand sonst. Denn das Wichtigste beim Schimpfen ist doch, dass einem selbst ein bisschen leichter wird ums Herz und ums Maul.

So habe ich eine Zeit lang, wenn mir jemand die Vorfahrt nahm, immer ein kräftiges »Tika-Taki« zum Autofenster hinausgerufen. Aber ich habe vorsichtshalber keine Zettel dazu verteilt. Man weiß ja nie, wohin sie weitergereicht werden.

TRAUERPUMPE

Herr H. aus Öhringen reiste im Sommer 2005 nach Südfrankreich und entdeckte dieses schöne Wort in einem Fremdenführer: Trauerpumpe. Auf Französisch hieß es *pompe funèbre*, was »Trauerzug« oder »Beisetzungszeremonie« bedeutet, hier aber eben mit »Trauerpumpe« übersetzt wurde. Weil H. beruflich für die *Hohenloher Zeitung* tätig ist, verfasste er dort eine sehr schöne Glosse, in der er sich unter Trauerpumpen »farbenfrohe Wunderwerke der Technik« vorstellte, »die Gram und Grau des Alltags aufsaugen und in die unendlichen Fernen des Weltalls pumpen. Was die Menschen nichts ahnend Milchstraße nennen, ist nichts als ein großer See abgepumpter Trauer. Noch lacht die Sonne trügerisch hell am blauen Himmel. Doch der nächste November kommt bestimmt. Wohl dem, der dann eine Trauerpumpe hat.«

TSKITISHVILI

Das ist immer eine schöne Zeit, wenn die Bundesliga naht. Man kauft das Sonderheft vom *kicker*, löst die Stecktabelle aus der Mitte, studiert Interviews mit Überschriften, die nach vorne weisen: »Ich erwarte, dass Luizao diese Saison mehr bringt.« Oder: »Kuranyi und Lauth werden losschlagen.«

Man liest in *Bild* den jährlichen Bundesliga-Test und weiß: Auf irgendeinem Sofa dieses Landes liegt sicher immer noch, längst mumifiziert, der 2006 verstorbene Max Merkel, bei dem die Tore »Buden« hießen. Und der, zum Beispiel, einmal über Bremens Torhüter schrieb: »Torwart ist sein Zweitberuf. Sonst ist er Flugschüler.« Man sieht auf Fotos, sich warm trabend, kleine Kicker-Herden. Dann wird der erste Südamerikaner mit einer Geldstrafe belegt, weil er zu spät ins Vorbereitungslager kam. Dann tauchen Fragen auf, die lauten: Wer wird der Trainer sein, den man zuerst entlässt? Ob dieser und jener Spieler in Wolfsburg einschlägt? Dann geht die Tour de France zu Ende – und du weißt: Nun kann es nicht mehr lange dauern. Nun ist die Fußball-Bundesliga schon ganz nah.

So geht das jetzt seit Jahrzehnten, und bitte: Nie soll es anders sein! Immer soll das bleiben: dieser Frühling im Sommer, dieses Schnuppern an der kommenden Saison. Was ändert sich schon wirklich, im Fußball?

Über Deisler, den ewig Verletzten, dann früh Pensionierten, las man mal, er habe seine Freundin in einer Buchhandlung kennengelernt. Das hätte es früher nicht gegeben: Fußballer in einer Buchhandlung! Man fragt sich: Was hat sich mehr verändert, Kicker oder Buchhandlungen, seit Effenberg und Bohlen?

Na, das sind Kleinigkeiten.

Die größte Freude ist immer die Lektüre der Namenslisten jener, die bald um Punkte kämpfen. Es ist die reine Poesie. Es gab Jahre, da fand man in der ersten und zweiten Liga tatsächlich Kerle wie Anfang und Endler, Scharping und Schröder, Nulle und Nicht, Ernst und Scherz, ja, es spielten auch Dédé und Lala sowie, das war in Unterhaching, einer mit Namen Darlington Omodiagbe. Der trat schon für Piotrcovia Piotrkow, SSR Rzgow, LKS Lodz und Iwuanyanwu Owerri an, dazwischen aber auch in Duisburg, Hannover und Gütersloh.

Mein Lieblingsname war lange Zeit Tattermusch. Der spielte für die Stuttgarter Kickers, lange her, dann in Wilhelmshaven. Und es gab vor Jahren eine Saison, da war es möglich, aus Männern beider Ligen diese Elf aufzustellen: Vollborn, Ballwanz, Breitkreutz, Dickhaut, Eigenrauch, Gansauge, Hutwelker, Langerbein, Wüllbier, Feinbier und Kleeschätzky. Von denen ging dieser und jener, dafür kamen Männer wie Knackmuß, Heerwagen, Schweinsteiger. Mäkelmann spielte in Lübeck, schon der Name war eine gelbe Karte wert.

Warum Radioreporter froh waren, als die Saison 2003/2004 vorbei war? Damals spielten in den Bundesligen: Tskitishvili, Krzynowek, Hujdurovic, Ogungbure, Grlic, Mbwando, Younga-Mouhani, El-Akchaoui, Ouedraogo.

Ich kannte mal einen, der war in der Lage, die Mannschaftsaufstellung von Rapid Wien in den fünfziger Jahren – mit Max Merkel und Ernst Happel übrigens – an den Spitznamen herzusagen: Der Tiger, Maxl, Aschyl, Poldl,

Gschrapp, Gogo, Gselchter, Afferl, Teddy, Mopsl und Fredl. Und Walter Jens hat nie den Eimsbütteler Sturm vergessen: Ahlers, Rohwedder, Panse, Mohr und Maack. Würde man mich nachts um drei wecken und fragen, wer zur Mannschaft Eintracht Braunschweigs gehörte, die 1967 Meister wurde, ich legte sofort los: Wolter, Bäse, Dulz, Moll, Kaack, Ulsaß, Meyer, Maas, Saborowski, Schmidt, Gerwien. Dann gab es noch Jäcker, Brase, Matz und Grzyb, insgesamt eine, wäre Saborowski nicht gewesen, erstaunlich ein- bis zweisilbige Mannschaft.

Großartig übrigens, mit welcher Elf 1993 die Amateure von Hertha BSC das Pokalfinale erreichten: Fiedler, Meyer, Zimmermann, Nied, Schmidt eins, Schmidt zwo, Ramelow, Klews, König, Kaiser, Lehmann.

König, Kaiser, Lehmann. Und alles Amateure, wie gesagt. Die Geschichte des Fußballs in Deutschland ließe sich in vieler Hinsicht einfach anhand von Spielernamen schreiben. Nur ein Beispiel: Als Schalke, der Klub der Bergleute, 1939 im Endspiel um die deutsche Meisterschaft Admira Wien 9:0 besiegte, waren die Torschützen: 1:0 Kalwitzki (7.), 2:0 Urban (12.), 3:0 Kalwitzki (25.), 4:0 Kalwitzki (30.), 5:0 Tibulski (53.), 6:0 Kalwitzki (61.), 7:0 Kalwitzki (80.), 8:0 Kuzorra (84.), 9:0 Szepan (89.). Die anderen Spieler: Klodt, Bornemann, Schweisfurth, Gellesch, Berg, Eppenhoff. Hier nun elf Spieler aus dem Schalker Aufgebot für die Saison 2007/2008: Krstajic, Rafinha, Rodriguez, Azaouagh, Bajramovic, Kobiashvili, Özil, Varela, Altintop, Asamoah, Kuranyi. Aber wenn ich einmal nicht einschlafen kann, murmele ich immer noch die Namen der Spieler der Elfenbeinküste bei der Weltmeisterschaft 2006: Arouna Koné, Bakary Koné, Emerse Faé, Kolo Touré, Yaya Touré, Siaka Tiené, Abdoulajé Meité, Emmanuel Eboué …

ÜBERGANGSREISENDER

Ich liebe es, mit der Bahn zu fahren (→ *Anschlussmobilität, Fahrgastwunsch*). Jahr für Jahr lege ich Tausende von Kilometern zurück, bequem in Großräumen oder Abteilen sitzend, lesend, schreibend, nachdenkend, während man mich von A nach B transportiert oder von B nach A, gerne auch von C nach D. Ich genieße es, transportiert zu werden, ohne etwas tun zu müssen, als eine Fahrkarte zu kaufen, mich den Lokführern zu überlassen, den »Zugbegleitern« und den »Zugchefs« mit ihren Teams. Ich mag es, aus dem Fenster zu sehen und am Fahrgestell eines anderen Zuges in weißer Schrift etwas zu lesen wie: »508080-35 808-0 ABpybdzt«. Und zu wissen, dass ich von Menschen umgeben bin, die wissen, was das bedeutet. ABpybdzt.

Die Welt des Bahnpersonals ist voller Geheimnisse. Viele Jahre lang wurden wir mit Durchsagen in den Speisewagen gebeten, die mit der Nachricht endeten, dass uns das ICE-Team »gerne erwarte«. Da saß man, hungrig und durstig, und überlegte, ob man es dem ICE-Team wirklich antun dürfe zu kommen, wenn es doch das Erwarten so liebe. Kaum würde man den Speisewagen betreten, wäre ja exakt jenes Erwarten beendet, welches das ICE-Team so gerne mag. Und wer möchte hart erwartenden Menschen das antun?

Kaum hatte ich dies durchgrübelt, wurde übrigens die Ansage geändert. Sie lautete fortan: »Unser freundliches Servicepersonal würde sich gerne auf einen Besuch von Ihnen freuen.«

Das ist das, was ich an der Bahnsprache auch schätze: ihre unglaubliche und rückhaltlose Ehrlichkeit. Wie das Servicepersonal da im Speisewagen steht und freundlich ist und sich so gerne auf uns freuen würde. Wenn es nur wüsste, wie das geht…

Es ist eben so, dass Menschen, die bei der Bahn arbeiten, grundsätzlich anders sprechen als wir. Zum Beispiel benutzen sie Wörter wie »Zuglaufteil«. Auf irgendeinem deutschen Bahnhof, war es A?, war es B?, hörte ich kürzlich, wie per Lautsprecher die Weiterfahrt eines Zuges nach Hamburg angekündigt wurde »beziehungsweise mit Zuglaufteil in Richtung Bremen«. Man hätte vielleicht auch »Kurswagen« sagen können, dachte ich, aber vielleicht ist ein Kurswagen etwas anderes als ein Zuglaufteil? Was wissen wir von Zuglaufteilen, außer dass sie die Richtung nach Bremen nehmen können? Nichts. Müssen wir auch nicht. Dürfen wir vielleicht gar nicht.

Der Zugbegleiter aber wird abends von seiner Frau gefragt, wie denn sein Dienst gewesen sei. Und er antwortet, er habe im Zuglaufteil in Richtung Bremen die Fahrgäste gerne erwartet. Dann sagt er noch, so nebenbei: »ABpybdzt«. Und seine Frau sagt: »Du lieber Gott!«

So sehr sind wir gewöhnt, dass die Zugmenschen für uns unverständlich sprechen, dass wir bisweilen selbst ihre klarsten Sätze nicht verstehen. Zum Beispiel schreibt mir Herr H. aus München, er habe kürzlich im ICE, aus Stuttgart kommend, neben seiner Freundin gesessen, als er folgende Ansage hörte: »Eine betrübliche Durchsage. Ich brauche einen Zugbegleiter in Waggon 12.«

H. schreibt, natürlich sei jedermann sofort klar, dass es »betriebliche Durchsage« heißen müsse. Aber aus irgendeinem Grunde hätten sowohl seine Freundin als auch er »betrüblich« verstanden und sich ausgemalt, was so betrüblich sein könne, dass man zu seiner Bewältigung einen Zugbegleiter brauche, ob eine Naturkatastrophe oder ein Terroranschlag sich ereignet habe und vielleicht Train-Marshalls auf diese Weise angefordert würden, um einen gemeingefährlichen Fahrgast zu überwältigen.

Jedenfalls scheint es so zu sein, dass wir unwillkürlich dem Zugpersonal eine gewisse Neigung zur Melancholie unterstellen, wenn wir statt »betrieblich« das Wort »betrüblich« hören. Wir hören quasi das Bedauern des Ansagenden mit, dass nun der Zugbegleiter den langen, beschwerlichen Weg durch den wackelnden und wankenden Zug anzutreten habe, bis hin zu Waggon 12, wo der Zugchef ihn gerne erwarte. Und wir spüren etwas von der Schwere des Dienstes, der an uns verrichtet wird.

Es ist einige Wochen her, da verkündete mir die Lautsprecherstimme im ICE nach Verlassen des Bahnhofs in A, der Zug habe einige Minuten Verspätung: »Diese wurde verursacht wegen Aufnahme von verspäteten Übergangsreisenden.«

Ach, allein das Wort »Übergangsreisender« … Ich las damals gerade das jüngste, von Sebastian Haffner posthum erschienene Buch *Das Leben der Fußgänger*, eine Sammlung seiner Feuilletons aus den dreißiger Jahren. Darin: ein Text über den »Mitreisenden«, jenes lästige Geschöpf, das einem im Zug die Fensterplätze wegnimmt, Gespräche aufdrängt, wenn man lesen will, und beim kleinsten Nickerchen schnarcht wie ein sterbender Wolfshund. Ich aber setze nun gegen den Mit- den Übergangsreisenden: das gehetzte Geschöpf, das von einem Zug zum anderen eilt, schwitzend und voller Angst, den Anschluss zu verpassen, Zuglaufteilen hinterherlaufend, schuldlos verspätet, dadurch weitere Verspätungen verursachend. Der Übergangsreisende: grundlos geschunden, das Leben durchhastend. Ist nicht unsere ganze Existenz ein Übergang? Sind wir nicht alle im Grunde Übergangsreisende? Und was würde aus uns, gäbe es nicht immer wieder das Bahnpersonal, das uns »Aufnahme« gewährt?

Es wäre doch ein sehr betriebliches Leben.

ÜBERSCHRIFTEN

Hier fünf Zeitungsüberschriften, die ich nicht vergessen kann.

1.) *Beckstein droht mit Flucht nach Berlin.* So stand es im Oktober 2005 im *Münchner Merkur.* Es war nämlich so, dass Herr B., falls er nicht Ministerpräsident in Bayern werden konnte, in Bayern gar nichts mehr sein wollte. Er drohte, in diesem Fall sein Bundestagsmandat anzunehmen, woraus wir lernen, dass manche Leute, die für den Bundestag kandidieren, nicht unbedingt auch in den Bundestag wollen. Sie kandidieren halt, dann schau'n sie mal. Was man hat, das hat man, und etwas zum Drohen kann man immer brauchen. Auch Edmund Stoiber drohte ja damals: in diesem Fall allerdings sein Bundestagsmandat *nicht* anzunehmen, falls er *nicht* Wirtschaftsminister werden konnte (wenn nämlich die Koalitionsverhandlungen scheiterten). Er müsste dann Ministerpräsident bleiben, womit er auch drohte – aber wem? Der SPD? Der CSU? Dem bayerischen Volk? Schließlich sollte er dann, als es mit der Kabinettsbildung so weit war, tatsächlich sogar Superwirtschaftsminister werden, wollte es dann aber doch nicht mehr. Aber Ministerpräsident blieb er auch nicht.

Die Politik ist eine seltsame Welt. Und Überschriften sind manchmal tatsächlich irgendwie enthüllend.

2.) *Schafbock fällt auf Simbacherin.* Das las ich am 30. Juli 2001 in der *Süddeutschen Zeitung* über einer kleinen Meldung, in der berichtet wurde, ein Schafbock sei aus seiner Herde ausgerissen, auf der Flucht vor seinen Häschern aber in Panik geraten und schließlich verwirrt von einer Eisenbahnbrücke gestürzt. Er fiel auf eine 31 Jahre alte Spaziergängerin, die schwere Prellungen und Blutergüsse erlitt, während der Schafbock starb. Es ist aber nicht das geradezu unglaubliche Ereignis, weswegen ich die Überschrift nicht vergesse, sondern wegen dieses Wortes »Simbacherin« – als sei die Tatsache, dass die vom Schafbock Getroffene aus Simbach stammte, von irgendeiner Bedeutung, als habe der Schafbock einige Münchnerinnen, Landsbergerinnen und Augsburgerinnen vorbeigehen lassen, um sich endlich auf eine Simbacherin zu stürzen. Rätselhaft, nicht wahr?

3.) *Odonkor unglücklich.* Dies gab die *Frankfurter Rundschau* am 12. Juni 2007 auf Seite eins bekannt, was mich insofern erstaunte, als ich noch nie zuvor auf Seite eins irgendeiner Zeitung eine so lakonische Mitteilung über die Gefühlszustände eines Menschen gelesen hatte. Neben Odonkor unglücklich stand *Belgien vor Regierungswechsel,* darüber *Deutsche Waffen sind begehrt.* Aber Odonkor, der deutsche Fußballspieler, war nicht dieser Waffen oder des Regierungswechsels wegen unglücklich, sondern weil er sich in Sevilla, wo er beim FC Betis spielte, nicht wohlfühlte. Ich warte seitdem auf die Zeile *Odonkor glücklich,* aber nichts war zu lesen. Bis jetzt. Poor Odonkor.

4.) *Feuchter Surfer im Meer ertrunken.* Leserin K. aus Fürstenstein erinnerte sich an diese Nachricht aus den siebziger Jahren, die sie in einer Nürnberger Zeitung gelesen hatte; jedenfalls erinnert sie sich so. Sie war damals gerade in die Nürnberger Gegend gezogen und wusste noch nicht, dass die fränkische Metropole einen Nachbarort hat, der Feucht heißt und aus dem der Surfer eben stammte. Die Alternativzeile *Trockener Surfer im Meer ertrunken* war also so oder so unmöglich.

5.) *Bauern sollen mit Verstand düngen.* Dies stand am 21. September 2007 in Nr. 38 der *Bayerischen Staatszeitung*, Leser S. aus Bayreuth zufolge jedenfalls. (Ich selbst habe just diese Ausgabe leider verpasst.) S. knüpfte daran die Fragen: Reicht der Verstand der Bauern aus, um auch größere Felder zu düngen? Was passiert mit den Bauern, falls ihr ganzer Verstand beim Düngen aufgebraucht ist? Kann der Verstand Nitrophosphat vollwertig ersetzen? Und was ist mit den Kleingärtnern, haben die wohl zu wenig Verstand?

Ich wollte zunächst antworten, dass es möglicherweise das Ende der alten Regel bedeuten würde, wonach die dümmsten Bauern die dicksten Kartoffeln haben, beugte mich aber dem Einwand des Lesers G. aus Wien, der schrieb, dass diese Regel doch gerade bestätigt werde. Denn wenn ein schlauer Bauer seinen Verstand zur Düngung seiner Kartoffeln verwendet habe, seien die Kartoffeln zwar dick, der Bauer aber eben wieder – dumm.

In diesem Zusammenhang möchte ich die Gelegenheit nutzen und auf die vielseitige Einsetzbarkeit von »Verstand« hinweisen. Lesen Sie das Buch *Hunde impfen mit Verstand* von Monika Peichl! Studieren Sie die Tipps zu *Bodenpflege mit Verstand* auf der Internetseite des Bayerischen Rundfunks! Nehmen Sie zur Kenntnis, was auf *GesundheitPro.de* zum Thema *Durst löschen mit Verstand* gesagt wird!

Und vergessen Sie gerade angesichts der Klimakatastrophe auf keinen Fall die Titelzeile der Zeitschrift *Haus & Markt* vom April 2007: *Heizen mit Verstand*!

UNHALTBAR

Der Begriff des Haltbaren tritt uns täglich im Wort »Mindesthaltbarkeitsdatum« entgegen, das sich auf jeder Lebensmittelpackung findet. Man ist geneigt, dies als Garantie dafür zu nehmen, dass man das Verpackte ohne Schaden verzehren könne, solange das Mindesthaltbarkeitsdatum nicht erreicht sei.

Logisch ist das nicht.

Denn das Anhängsel -bar, schrieb der Sprachwissenschaftler Gerhard Storz, »fügt dem Verbalstamm die Mitteilung hinzu, dass die von ihm bezeichnete Tätigkeit vorgenommen werden kann, dass der Zustand möglich ist«. Ein Gegenstand, der »tragbar« ist, kann getragen werden, muss aber nicht, weil sich vielleicht kein Träger findet. So gesehen, bedeutet das Mindesthaltbarkeitsdatum: Kann sein, dass sich's hält, unmöglich ist es nicht.

In den Tagen, als Oliver Kahn noch im deutschen Fußballtor stand, war oft vom Haltbaren und Unhaltbarem die Rede, immer in Bezug auf Oliver Kahn. Jahrelang hieß es, er sei in der Lage, unhaltbare Fußbälle zu halten. Als Bayern München 2004 einmal gegen Real Madrid spielte, ließ er aber einen Ball ins Tor, den Roberto Carlos in – nach allgemeinem Urteil – haltbarer Weise geschossen hatte. »Kahns schlimmster Fehlgriff«, stand in den Zeitungen.

Dies führt uns zur Frage: Gibt es eine absolute Haltbarkeit von geschossenen Fußbällen? Eine Art Mindesthaltbarkeit? Definitiv: ja. Es wird uns Woche für Woche in deutschen Stadien bewiesen: Man kann Bälle so schwach und ungenau schießen, dass jeder Torwart auf der ganzen Welt sie halten könnte, aber eben nur *könnte*, nicht *muss*, jedenfalls nicht im sprachlichen Sinne. Der jeweilige Trainer wird das anders sehen und einen Torwart, der viele Haltbare durchlässt, für unhaltbar halten und auswechseln.

Nun die weitere Frage: Gibt es auch eine absolute Unhaltbarkeit von Bällen, eine Höchsthaltbarkeitsgrenze, jenseits derer ein Halten nicht torwartmöglich ist? Hmmm…

Ist noch ein Leser anwesend? Ja, dort hinten!

Also, liebster Freund, wie schrieb Kurt Lavall in meinem Lieblingsbuch *Berühmte Spieler, berühmte Tore* über Beckenbauers 1:2 gegen England 1970 in Mexiko: »Unhaltbar für Englands Goalkeeper Bonetti, den Ersatzmann für den erkrankten Gordon Banks.«

Ja, für Bonetti. Aber Banks, wäre er gesund gewesen: Hätte er sich nicht besser postiert? Wäre er nicht instinktiv der rechten unteren Ecke, welche B. traf, näher gewesen? Vielleicht. So ist es immer. Immer ist da ein *hätte* oder *wäre*, und schließlich haben sich die unhaltbaren Bälle, die Kahn oft hielt, ja eben als haltbar erwiesen, indem er sie hielt, wohingegen die Haltbaren, die er durchließ, dadurch nicht unhaltbar wurden. Übrigens sollte es das Wort »unhaltbar« nicht geben, weil es ein Verb »unhalten« nicht gibt, an das man ein -bar anhängen könnte. Und es sind auch unhaltbare Lebensmittel undenkbar, äh, also: nicht denkbar.

Oder führen wir »unhalten« als Verb einfach ein, ebenso wie »undenken«?

UNHYÄNISCH

Gibt es eigentlich ein Volk, das heftiger über die eigene Sprache zu debattieren in der Lage ist als das deutsche? Wohin man blickt: Debatte, Debatte, Debatte, auch auf der Damentoilette der Theologischen Fakultät in der Leipziger Universität.

Von diesem mir normalerweise unzugänglichen Ort erreichte mich die Zuschrift von Frau L. Sie entfernte dort einen Zettel und schickte ihn mir, einen Aushang mit der Aufschrift: »Bitte verlassen Sie die Toilette in einem ordentlichen und sauberen Zustand!!!« Jemand hatte mit Rotstift das *ver-* bei »verlassen« durchgestrichen und durch *hinter-* ersetzt. Jemand anders hatte widersprochen: »Wenn ich sterbe, hinterlasse ich etwas, und ich hatte nicht vor, hier zu sterben!« Die Nächste hatte geschrieben: »Tja aber verlassen in diesem Zusammenhang heißt wohl die Person verlässt ordentlich und sauber das Klo!« Eine weitere Klientin hatte ergänzt »…und das ist sicherlich auch wünschenswert!« Eine fünfte schrieb: »Hallo du, die du hier nicht sterben willst – ist deine Aussage eigenes Gedankengut, oder wer hat das gesagt? Meiner Meinung nach kann man *in der heutigen deutsch sprache* auch für andere Zwecke, außer zum sterben, ›hinterlassen‹ nehmen!«

Konnte man übrigens schon immer, hätte ich dazugeschrieben und an *Don Carlos* erinnert. Der spricht in Schillers Drama zum Prior des Karthäuserklosters, während er seinen Jugendfreund erwartet, den Marquis von Posa:

»Er will doch wiederkommen? Hinterließ er nicht?«

»Vor Mittag noch, versprach er«, antwortet der Prior.

In der nächsten Szene tritt Posa dann auf, weder von der Toilette kommend noch als Toter, sondern quicklebendig. Nehmen wir den Leipziger Zettel also als Aufforderung zu hygienischem Verhalten in jeder Hinsicht, wobei anzumerken ist, dass sowohl das Wort »hygienisch« als auch sein Gegenteil »unhygienisch« für viele Nutzer der *heutigen deutsch sprache* offensichtlich nicht unproblematisch ist. Jedenfalls entdeckte Frau S. aus Berlin bei *brigitte.de* das Wörtlein »unhyänisch« und fragt sich seither, was man sich wohl unter »hyänisch« vorzustellen habe.

Ich weiß es nicht, verweise auf das Kapitel *Hyänisch* in diesem Buch und schließe diesen Text mit der Zuschrift von Frau K., die gerade die Windel ihres jüngsten Kindes gewickelt hatte und dann dem auf ihrem Laptop erscheinenden Wort »Popups« eine ganz andere Bedeutung als die gemeinte zumaß.

VERBINDUNGSGEBRÜLL

Tag für Tag wehen einem heute Knittertexte (➤ *Füngzinieren*) ins Haus, ungepflegtes, ungewaschenes Schauderdeutsch, wie es jene Internetverbrecher zu sprechen scheinen, die einem E-Mails schicken, die vorgeblich von der Hausbank kommen, aber nur dazu dienen sollen, unsere Konten leer zu machen.

Herr M. und Herr D., beide aus München, wiesen mich gleichzeitig auf eine Nachricht hin, in der zunächst folgende Mitteilung gemacht wurde: »Wenn Ihr Konto in jeder nicht bevollmächtigten Tätigkeit, wie Schlagseite habende Einzelheiten oder stellende Gebote verwendet wurde, ist diese Tätigkeit ohne Vorfall gestrichen worden.« Aha. Und nun Folgendes: »Um Kontrolle Ihres Kontos wiederzugewinnen, klicken Sie bitte auf das Verbindungsgebrüll.«

Verbindungsgebrüll. Herr M. meint dazu, es könnte sein, dass die Verbrecher sich des Wortstoffhofes insofern bedienten, als dieser eine gewisse Neugier auf Wörter erzeuge – und so den Leser so gierig auf die Bedeutung von »Verbindungsgebrüll« mache, dass er einfach anklicken *müsse*. Und schon...

Ich möchte deshalb darauf hinweisen, dass »Verbindungsgebrüll« unrechtmäßig aus dem Wortstoffhof entwendet wurde und nichts anderes bezeichnet als das unkontrollierte, verzweifelte, Mauern durchdringende Schreien eines Mannes, der zu viele Verbindungen hat, der davon überfordert ist, dass Handy und Festnetztelefon gleichzeitig klingeln, während sein Fax rattert, seine Kinder schreien,

seine Frau ruft, sein E-Mail-Eingangskorb überquillt. Es ist der Schrei eines Menschen, der aussieht wie die Figur auf Edvard Munchs Bild *Der Schrei.*
So einen klickt man nicht an.

VODER- UND HINTERNETZ

Kleines Ratespiel: Für welches Gerät ist die folgende Gebrauchsanweisung (»Versammlung anweisung«) bestimmt, eingesandt von Herrn G. aus München?

a) Den Elektrowecker »Jederzeit« der Firma Hahn.

b) Den Tischventilator Typ F0501 von Ikea.

c) Die Deckenleuchte »ABC« der Firma Luce.

Ich zitiere: »Oeffen alle Netzklemmen, haengen Vodernetz an Hinternetz, stellen Gipfelklemme wie Uhrzeiger von zwoelf Uhr, und sicherstellen, dass Voder- und hinternetz fest zusammengeschlossen ist, dann schliessen andere klemmen zusammen,damit Voder-und hinternetz nicht loswerden.kann (Schritt 10).«

Auflösung: b) ist richtig. Für alle, die richtig geraten haben, hier als Belohnung die Anleitung zur Benutzung eines Skihelms der Firma *Sun Helmet* aus Cremona, Italien, wie sie mir Frau von K. zuleitete: »Um die Größe zu wählen, anprobieren Sie die Hutweite auf dem Gesicht zu der vorstehenderen Hinterteil des Schädels mit einem Klappmaßstab und dann vergleichen Sie den gewinnen Wert mit der berichten Tabelle. Ob der gewinne Wert zwischen zwei Größen ist, runden Sie auf die nachfolgende Größe ab. Wenn der Helm auf die rechte Größe beschuht ist, ob Sie ihn Bewegen, wird die Kopfhaut sich rühren und ist seine Auszug nicht möglich. Für alle, die falsch geraten haben, als kleiner Trost eine Information aus dem »Team von 5 dinamische berufliche und sachkundige Personen, die die verbreiterste Sprache können« bei der Spedition J.T.A. im italienischen Saccolongo. Man bietet dort (und das dürfte welweit einmalig sein) »die Vermietung von Kranich für das Abladung und die Ladung der Ihren Ware im ganzen Italien« an.

WASCHGUTSCHEIN

Dies hier geschah in einem Jahr, in dem ich mich in einer größeren Krise befand. Ich fühlte mich verbraucht, irgendwie am Ende, auch physisch kaum noch in der Lage, mich dem Verfall entgegenzustemmen. Und das muss man mir alles geradezu angesehen haben; ich wirkte anscheinend regelrecht verkommen, geradezu altaxelhaft in jenen Tagen, denn als ich in der Filiale des Autohändlers meinen Wagen von einer Reparatur abholte, drückte man mir nach dem Bezahlen einen Gutschein in die Hand, auf dem stand: »Waschgutschein für Axel Hacke«.

Als ich verwirrt fragte, ob ich wirklich so entsetzlich aussähe, redete sich der Verkäufer verlegen darauf hinaus, der Gutschein habe sich auf mein Auto bezogen.

WASSERWANDSCHRANK

Gleich von zwei Seiten, nämlich von Frau K. aus München und Herrn V. aus Tutzing, bekam ich das Wort »Wasserwandschrank« überreicht, welches sich anscheinend in spanischen Hotels regelmäßig findet. Dort ergeht, auf Spanisch, die für uns ungewöhnliche Aufforderung, Toilettenpapier nicht in die Toilette zu werfen, sondern in den Papierkorb. Auf Deutsch lautet die Bitte: »Bitte, gestellen Sie nicht Toilettenpapier in den Wasserwandschrank. Benutzen Sie den Papierkorb, Danke schön.«

Mich erinnerte das an eine Nachricht, die ich einmal von Herrn Z. aus München bekam. Z. hatte ein holländisches Hausboot gemietet und übermittelte mir die folgende Betriebsanleitung für das Bord-WC: »Eine Unterwasserlinientoilette hat einen viel geringeren Durchmesser des Abwasserrohres als das Äquivalent zu Hause. Bringen Sie daher, außer wenig Toilettenpapier, nie etwas in die Toilette hinein, was Sie nicht zuerst gegessen haben.«

Aber zurück zum Wasserwandschrank: In seiner Entstehung hat das Wort offenbar damit zu tun, dass der Schilderdichter aus dem Englischen ins Deutsche übersetzt hat; das heißt, er hat *water closet* in *water* und *closet* geteilt und für *water* im Wörterbuch »Wasser« gefunden, für *closet* das Wort »Wandschrank«.

Frau K. findet das »eine sehr elegante Ausdrucksweise für Toilette«. Herr V. hingegen stellt die These auf, ein Wasserwandschrank sei im bekanntermaßen recht heißen und trockenen Andalusien für die Aufbewahrung von Wasserwänden vorgesehen, »um dieselben dann bei starker Trockenheit an geeigneten Orten oder Plätzen wieder aufgestellen zu können«.

Das wird wohl wahr sein, zumal es auch erklärt, warum man kein Toilettenpapier in die Wasserwandschränke werfen soll. Die wertvollen und empfindlichen Wasserwände würden ja verschmutzen.

Leider, fügt V. an, habe er in seinem Hotel keinen Wasserwandschrank entdeckt, sodass er auch nicht sagen könne, wie man Wasserwände in die Schränke »gestelle«, ob es dazu spezielle Gestelle gebe und ob man die Wände vorher in Folie hülle, um sie vor Austrocknung zu bewahren. Ich meinerseits möchte anmerken, dass es natürlich nützlich wäre, zum Wort »Wasserwandschrank« auch einen entsprechenden Gegenstand zur Hand zu haben, ansonsten stünde das nichts bezeichnende Substantiv sinnlos herum. Außerdem: Wäre es nicht schön, einen Wasserwandschrank mal von innen zu besehen? Ich denke an Mörikes Gedicht *Vom Sieben-Nixen-Chor*, in dem es heißt:

> » Zwischen grünen Wasserwänden
> Sitzt der Sieben-Nixen-Chor;
> Wasserrosen in den Händen,
> Lauschen sie zum Licht empor.«

Dieser Chor würde manchen fast mehr interessieren als die Wasserwände selbst, doch lese er vorsichtshalber erst mal das Gedicht zu Ende oder wenigstens bis zu der Stelle, an der die Nixen einen Königssohn so betören, dass er mit ihnen davoneilt – und dann…?

> » Doch man sah nach wenig Stunden,
> Wie der Nixenbräutigam,

Tot, mit sieben roten Wunden,
Hoch am Strand des Meeres schwamm.«

Vorsicht also, wenn Sie je irgendwo einen Wasserwandschrank finden sollten! Lassen Sie ihn erst von versierten Wasserwandschrankexperten untersuchen. Herr V., auch Frau K., haben wohl noch mal Glück gehabt.

WELL NESS

Im Rahmen der großzügigen Renovierung des neuen Verwaltungsgebäudes meiner Kolumne *Das Beste aus meinem Leben* im Zentrum Münchens (endlich sind alle *Das Beste aus meinem Leben*-Mitarbeiter unter einem Dach untergebracht) habe ich mir kürzlich erlaubt, das auch der Öffentlichkeit zugängliche Wellness-Center »Dr. Hackes Körpertempel« im siebten Stockwerk sowie meine neue Pflegeserie »Das Beste aus meinem Leben *for men*« dem Publikum vorzustellen. Für alle, die aus terminlichen Gründen nicht dabei sein konnten, hier einige der wichtigsten Angebote, die allen Leserinnen und Lesern ermöglichen sollen, jene vollkommene physische Frische zu erlangen, welche es bereits so vielen Persönlichkeiten aus dem Management von *Das Beste aus meinem Leben* ermöglicht, im Alter von neunzig und mehr Jahren sich ihrer Tätigkeit ganz und gar hinzugeben. Basis aller Produkte ist eine Kombination des in der Kolumne enthaltenen uralten Wissens um Körper und Geist mit Enzymen der fernöstlichen Quatschgurke, deren heilende Wirkung der Autor selbst in einigen seiner größten Krisen erfahren durfte.

Die Quatschgurke wird seit Jahrhunderten auf den Bla-Bla-Inseln angebaut, die hinter den sieben Winden im großen Wörtermeer liegen. Zu Beginn der auf ihrer Substanz basierenden Behandlungen massieren laotische Hatschi-Meister mit ihren Nasenspitzen eine Salbe aus Quatschgurken-Essenz, abgestorbenen Hirnzellen des Verfassers sowie zerstoßenen Kolumnen in die Stirnhäute der Klienten –

eine traditionelle Verfahrensweise, welche seit Menschengedenken in den Tempelstätten der Bla-Bla-Inseln der physischen, emotionalen, mentalen, spirituellen Reinigung vorangeht. Anschließend werden den so Vorbereiteten die zehn schlechtesten Kolumnen des Autors von den zehn schlechtesten Schauspielern Münchens vorgelesen, um jenen Zustand vollkommener Willenlosigkeit zu erreichen, den man auf den Bla-Blas liebevoll »das große Wau-Wau« nennt. Die Behandelten sehen danach ihre eigene Seele baumeln, taumeln und maumeln, in vielen Fällen sogar schwaumeln.

Nun beginnt der lange Marsch der Reisbauern, genannt »Massage aus dem Zentrum des Bla Bla«. Zehn original vietnamesische Reisbauern marschieren hintereinander immer wieder über die Klienten hinweg, wobei ihre kleinen, original vietnamesischen Reisbauernfüße die Klientenkörper wohltuend entspannen und seltene original vietnamesische Wörter porentief in die Klientenhaut einmassieren. Sie berichten dabei im eigentümlichen, original vietnamesischen Singsang vom sehr entspannten Leben in ihrer Heimat, wo sie (bevor sie als Wellness-Sklaven in unseren Körpertempel kamen) ihrem original vietnamesischen Reisbauernleben oblagen, frei von allen Muskel- und Gelenkbeschwerden sowie in ganz und gar entsäuerten Körpern. Sie erzeugten in meditativer Hingabe einen besonders weichen Reis, den Sie im *Das Beste aus meinem Leben*-Shop käuflich erwerben können.

Lassen Sie sich danach im Rahmen unseres aktuellen Verhöhn-Programms mit weißem Flieder peitschen oder wälzen Sie sich in einem Schlamm aus mineralisiertem Dung sizilianischer C'noro-Doro-Meerschweinchen.

Im Preis enthalten: Stilblütentee, so viel Sie mögen, sowie

eine Zwischenmahlzeit aus sautierten Heizdecken an frisch entfernten Hautschüppchen. Optional: Ellbogenverlängerung und -härtung, Terminkalender-Reinigung, Ganzkörper-Latte-Macchiato, Anwen-Dung, Ga-Ga-Massage mit Einarbeitung Ihres Rückens in die Massagepritsche, Body-Würzung mit Pfeffer, Salz und Paprika, Reiki, Double-Shia-Tsu, Tritte in Bauch Beine Po, sowie natürlich Ha Cke, Hot Spot, Hü Hott, Hot Stone, Spotz Kotz (mit Knet Würg oder Dehn Straff), Schrott Protz und Voll Motz.

Viel Spa's also in »Dr. Hackes Körpertempel«!

WÜSTENSOCKEL

Immer wieder umwerfend ist das Service-Angebot, das sich uns in den Ferien bietet (➤ *Aufstellungsort des Seins, Gästegefrierschrank*). Wer zum Beispiel bei *opplevgodenorge.no* ein Haus oder eine Hütte in Norwegen mieten möchte, der wird darauf hingewiesen, dass in der Regel der Mieter für die »Entreinigung« verantwortlich sei. Aber! »In anderen Fällen ist es möglich, gegen Aufpreis die Entreinigung vom Hauswirt ausführen zu lassen.« Reizend. Nicht mal mehr schmutzig machen muss man die Bude selbst.

Frau C. aus Karlsruhe fand in einem gemieteten Ferienhaus eine Bestandsliste vor, auf der unter der Überschrift »Inventar vor Ort verwirklichen« nicht nur Messer, Mülleimer und Matratzen verzeichnet waren, sondern auch »1 Wüstensockel« und sogar »1 Verwaltungsdirektor«, der allerdings offenbar gerade seinerseits Urlaub hatte, denn er war im ganzen Haus nicht zu finden. Allein das Wort »Wüstensockel« ist aber, finde ich, schon eine Reise wert, ich habe in meinem ganzen Leben noch keinen Wüstensockel gesehen.

Vom Strand in Grado-Pineta berichtet Herr E. über eine ganz besondere Wellness-Offerte. Auf einem Schild steht da: »Die Rettungsmisshandeln ist bei unserer Badeanstalt in die Feier- und Vorfeiertage garantiert.« Für alle anderen Zeiten gilt leider noch, »dass kein Rettungsmisshandeln für die Badegäste vorbereitet ist«. Vielleicht schon nächstes Jahr? Mag sein, dass wegen solcher Kapazitätsengpässe auch an der Costa Blanca die Bademöglichkeiten eingeschränkt sind.

Frau van V. schickt aus Berlin ein Ferienfoto eines Pool-Schildes, auf dem darauf hingewiesen wird, dass »nur ein Wohner des Gebäudes« sich im Pool aufhalten dürfe. Trotzdem seien, berichtet die Leserin, immer mehrere Wohner im Wasser gewesen. Für sie war aber vermutlich eine ordnungsgemäße Misshandlung nicht gewährleistet.

Noch ein grundsätzliches Wort zum Thema »Sprache in den Ferien«. Man kann hier nicht wählerisch genug sein, finde ich, denn ich bin immer wieder überrascht nicht nur von der Vielzahl der Angebote in dieser Richtung. Dazu ein grundsätzliches Wort, entnommen dem Prospekt des Wohnsitzes *Galilei-Salvemini* in Laveno/Italien, den mir freundlicherweise Frau B. aus München überließ: »Die Wahl des Urlaubs bleibt ein wichtiges und, in einem heute immer verlangenderen Markt, zu ununterbrochenem Vergleich mit dem angebotenen zärtlichen Moment ist.«

Die verlangenden Märkte hier, die angebotenen zärtlichen Momente dort – und zwischen ihnen spielt sich unser ganzes Schicksal ab.

Z

Immer öfter werde ich zu immer höheren Geburtstagen eingeladen. Immer öfter denke ich, dass es nicht mehr soooo lange hin ist, bis ich selbst wieder einen höheren Geburtstag haben werde – wenn ich Glück habe und bis dahin nicht von einer Trambahn überfahren oder von einer unaussprechlichen Krankheit zerfressen werde.

Immer öfter sagt irgendeiner der Freunde etwas wie: »Bitte keinen Weißwein für mich, ich vertrage ihn nicht mehr. Die Säure.« Immer öfter höre ich mich selbst solche Sachen sagen. Immer öfter trinke ich abends kein Bier mehr, weil ich dann nachts vom Blasendruck erwache und zur Toilette wanken muss. Danach kann ich vielleicht nicht mehr einschlafen.

Immer öfter denke ich, dass mein Vater in einem bestimmten Alter von genau diesem Thema anfing zu sprechen und dass mein Vater mir als Kind so unglaublich alt erschien, so außer jeder Konkurrenz alt, als entstamme er einer anderen Welt, in der man ächzte, wenn man sich aus dem Sessel erhob und über Rückenschmerzen klagte. Immer öfter klagen in meiner Umgebung Menschen über Rückenschmerzen. Ächzen, wenn sie sich aus Sesseln erheben.

Immer öfter lese ich in der Post Werbetexte von Hotels, die mir eine »Acht-Tages-Pauschale inklusive Verwöhnpension« anbieten, wobei zur »Verwöhnpension« auch ein »Vital-Frühstücksbuffet« gehört. Wenn ich Worte wie »Verwöhnpension« höre, muss ich meinen schon leicht brüchigen Schädel gegen die Wand schlagen, Ähnliches gilt für die

»Wellness-Schnitte«, die kürzlich auf großen Blechen in meiner Bäckerei angeboten wurde, zwei Wellness-Schnitten gab es zum Aktionspreis, ja, in der Zeitung las ich von einem Metzger, der »Wellness-Wurst« im Angebot führe.

Das Wörtchen »vital« aber hat auf mich die Wirkung einer Feuerwehrsirene. Es signalisiert die Nähe des Alters und des Grabes. Es riecht nach Knoblauchperlen und Ginseng-Extrakt, all diesen Dingen, mit denen mein Vater sich dem Verfall entgegenstemmte. Gibt es nicht eine Senioren-Zeitschrift namens *Vital*?

Immer öfter spricht man unter Leuten meines Alters über nächtliche Schlaflosigkeit. Bruno, mein alter Freund, kennt das nicht, aber er sagt, neulich sei ihm aufgefallen, dass seine Frau offenbar nachts schlecht schlafe, jedenfalls habe morgens auf ihrem Nachttisch ein Tee gestanden. Abends sei dort noch kein Tee gewesen.

»Ein T?«, sage ich. »Auf dem Nachttisch deiner Frau stand ein T?«

Das erschien selbst mir geheimnisvoll, der ich im Umgang mit Buchstaben an Seltsames gewöhnt bin (➤ *T*). Buchstaben, die einfach so nachts neben dem Bett erscheinen, noch dazu ein T? Ich meine, ein A oder B, das wäre noch was, aber T? Ist schon ziemlich am Ende des Alphabets…

Was wird sein, wenn ich eines Morgens erwache und neben meinem Bett steht ein Z?

ZEE-SIK-KAI-TEN

Ab und an, wenn mich das Sprechen meiner eigenen Sprache langweilt, nehme ich das *German Phrase Book* des *US
War Department* vom 30. November 1943 zur Hand, das mir
vor Jahren Herr E. aus Reichertshausen/Ilm schenkte. Unter Zuhilfenahme dieses Werkes verständigten sich amerikanische Soldaten bei der Eroberung Nazi-Deutschlands
mit der ansässigen Bevölkerung (➤ *Phrasealator*). In diesem
Büchlein lernen wir unsere geliebte Landessprache auf eine
ganz neue Weise kennen, in der Lautschrift nämlich, nach
der Amerikaner sie sprechen sollten.
Und plötzlich, in dieser Verschmelzung von Deutsch und
Amerikanisch, ist das nicht verblüffend?, hat das Deutsche
etwas, wie soll man sagen: Koreanisches?
Wir sehen Wörter wie: ZEE-sik-kai-ten, VAI-sa REE-ben,
VA-ser-m'lo-na, AHP-g'kawkh-tess VA-ser. KAWN-yahk.
(Das sind, in dieser Reihenfolge: Süßigkeiten, Weiße Rü-
ben, Wassermelone, abgekochtes Wasser, Kognak.)
Wir sehen andere Wörter: ba-O-bahkh-toongss-FLOOK-
tsoyk und ma-SHEE-nen-g'vayr-sheet-sa. (Das Beobach-
tungsflugzeug und der Maschinengewehrschütze.)
Und wir lesen Sätze wie: Ist heer in der NAY-ha dahss paw-
lee-TSAI-ahmt? Sowie auch: VEL-shess ist dee HERSHST-
g'shvin-dikkait? (Ist hier in der Nähe das Polizeiamt? Welches ist die Höchstgeschwindigkeit?)
Anderthalb Jahre vor der Kapitulation der Deutschen, so
sehen wir in diesem Buch, hatten die Amerikaner diese
bis in Kleinste sprachlich schon vorbereitet gehabt: er-

GAY-ben zee zish! Aber auch: MA-khen zee ess zish B'K-VAYM!

Fortgeschrittenen empfehle ich dann das wunderbar schrullige, vollkommen absurde, ziemlich anspruchsvolle, leider nur noch antiquarisch erhältliche und mir von Herrn und Frau H. aus Berlin zur Verfügung gestellte Büchlein von John Hulme *Die gesammelten Werke des Lord Charles*, in dem die These aufgestellt wird, viele deutsche Kinderreime und -lieder seien in Wahrheit Produkte eines exzentrischen, whiskysüchtigen englischen Lords. Hier, in diesen Zeilen, die laut und am besten vom nächsten greifbaren Engländer gelesen werden müssen, verbirgt sich das Deutsche quasi auf äußerst trickreiche und reizvolle Weise im Englischen. Eine Kostprobe:

> » He sh! vice knit vas solace be toy ten
> Doss eke so trow reek bin.
> Iron mere shun house Al ten sigh ten
> Doss Comte mere knit house den sin.«[*]

---

[*] Ich weiß nicht, was soll es bedeuten,
dass ich so traurig bin.
Ein Märchen aus alten Zeiten,
das kommt mir nicht aus dem Sinn.

ZEITFENSTER

Zeitfenster, Zeitfenster…?

Richtig: In Folge 79 der *Superman*-Serie reißt der Großver-
brecher Tempus die Macht an sich, indem er sich mittels
Massensuggestion zum US-Präsidenten wählen lässt. Als
Clark Kent (= Superman) einschreiten will, verbannt Tempus ihn »durch ein Zeitfenster« in die Unendlichkeit. Clarks
Freundin Lois muss es allein mit Tempus aufnehmen. Mehr
in Folge 80.

Nun sagte aber im Oktober 2003 der damalige Kanzler
Schröder Folgendes: »Wenn wir die Agenda 2010 bis Weihnachten nicht durchbekommen, dann fürchte ich, dass sich
auf lange Sicht kein Zeitfenster öffnet, in dem wir das
schaffen.«

Ja, ja, Weihnachten, Weihnachten, immer muss alles »bis
Weihnachten« geschehen, das ist jedes Jahr das Gleiche.
Wieso hieß aber die Agenda »2010«, wenn sie bis Weihnachten 2003 »durch« sein musste? Warum überhaupt
»durch«? Wodurch?

Durchs Zeitfenster?

Seltsames Wort: Zeitfenster…

Man muss sich die Zeit doch vorstellen als ein Nacheinander, als etwas unumkehrbar Dahinfließendes. Wie kann
darin ein Fenster sein? Fenster gibt's nur in Gebäuden
und… Von dem Bostoner Physiker Lightman gibt es das
wundervolle Buch *Und immer wieder die Zeit*, in dem sich der
Autor neue Zeit-Welten vorstellt, eine zum Beispiel, in der
die Zeit auf den Bergen langsamer vergeht als in den Tälern

– die Menschen leben dort auf Gipfeln und meiden den Abstieg. Oder diese Welt hier: In ihr ist Zeit ein lokales Phänomen, in jeder Stadt gehen die Uhren anders. Alle Städte sind voneinander isoliert, keiner verlässt die Heimat – es könnte ja sein, dass er für einen Tag verreist ist, aber bei der Rückkehr seine Kinder älter sind als er. War es das, was Schröder meinte? Dass also die Zeit in unserem lieben Deutschland langsamer läuft als in der Welt und man durchs Zeitfenster Tempo reinbringen muss.

Bleibt die Frage: Warum eigentlich ist es so, dass »sich das Zeitfenster öffnet« – gibt es niemanden, der es bedient? Geht es von alleine auf und zu, klappernd im Weltenwind? Das nun nicht. Es war bloß in der Vorstellungswelt des Schröder so, dass alle paar Monate der Wähler ums Haus schleicht und alle Fenster schließt. (Wobei man im Übrigen ergänzend in Erinnerung bringen sollte, dass Schröders Nachfolgerin Merkel einmal auf die Frage, was sie mit »Deutschland« assoziiere, antwortete, es gebe kein anderes Land, das »so schöne und so dichte Fenster baut«. Was nichts anderes bedeutet als: Wenn hier ein Zeitfenster mal zu ist, dann ist es so zu wie in keinem anderen Land.) Nun sollten aber 2003 mal eine Weile keine Wahlen sein, der Bürger hockte reglos im Stübchen, da konnte man mal ein paar Reformen durchs Fenster schieben. Dachte Schröder. Nicht wahr?

So sah er uns. So sehen sie uns alle.

Nach der bayerischen Landtagswahl 2003 wurde dann in der Zeitung ein CSU-Spitzenmann zitiert: »Wir haben da ein ganz enges Zeitfenster, in dem alles passieren muss.« So ist's in diesem Land: Die Politiker werkeln an den Fenstern herum, und die Wähler stehen an der Tür, starren in die Unendlichkeit und warten auf – Superman?

© Verlag Antje Kunstmann GmbH, München 2008
Umschlag: Michael Sowa
Satz: Schuster & Junge, München
Druck und Bindung: Pustet, Regensburg
ISBN 978-3-88897-508-0
2 3 4 5 6 7 • 11 10 09 08